KB047977

Public Service Law

공직법
입문

-법치와 공직-

권순현·이주일·진상욱

박영사

머리말

수십 년 만의 폭염이 한반도를 점령하였다. 더위에 지쳐 올 여름방학은 많은 일을 하지 못하고 지나가는 듯하다. 그러나 처서가 다가오고 있고 태풍이 몰려온다니 머지않아 더위가 물러가고 새로운 2학기가 시작이 될 것이다.

2학기 과목으로 '공직법 입문(법치와 공직)'은 그 전부터 개설이 되었으나 기본 교재가 없어서 아쉬움이 있었다. 이에 대비하고자 그 전의 강의 원고를 모아 박영사 출판사를 통하여 '공직법 입문 – 법치와 공직 –'을 출판하게 되어 기쁘다.

내용은 다음과 같다. 헌법과 행정법은 필자가 담당했고, 형법은 이주일 교수님이, 민법은 진상욱 교수님이 담당하셨다. 이 책은 '공직법 입문 – 법치와 공직 –'이라는 제목으로 출판을 하게 되었는데, 주로 공직과 관련된 학과 – 법학, 경찰학, 행정학 –을 공부하는 학생들에게 미리 공부하는 내용 중 법과 관련된 것을 소개하는 입문서로서 의미가 있다고 하겠다.

공직분야는 국가에 대한 이해가 필요하고 국가의 작용은 법을 통하여 작동되고 있다. 이러한 법치주의 과정을 잘 이해하는 것이 매우 중요하다고 하겠다. 법은 보통 공법과 사법으로 구별되고 공법은 헌법 행정법 형법이 해당하고 사법으로는 민법이 대표적인 법이 되겠다. 헌법을 통하여 국가조직과 국민의 기본권을 이해하는 계기가 되어야하겠고, 헌법의 구체화 법인 행정법을 통하여 구체적인 국가작용을 공부하고, 형법을 통하여 국가질서와 국민의 법익보호를 이해하며, 민법을 통하여 법의 원리와 기초 이론을 습득하는 것을 목적으로 하고 있다.

이 책은 이러한 목적 달성을 위하여 개론서로서 중요하고 가장 기초가 되는 내용을 간략하게 소개하는 것을 목표로 하고 있으므로, 완전한 형태와 구성으로 이루어지지는 못함을 양지하시길 바란다. 이런 분야의 책으로서는 처음 시도되어지는 점에서 의의가 있고, 또한 내용이 잘 요약이 되어 책이 250쪽으로 나올 수 있어서 다행으로 생각한다. 이 내용을 잘 이해하면 독자 여러분에게도 매우 효율적으로 공부하는 결과가 되실 것이라고 확신한다.

이 책이 나올 수 있게 어려운 시간을 내어 좋은 내용의 원고를 주신 이주일 교수님과 진상욱 교수님께 감사하며, 지속적으로 관심을 갖고 협력해 주신 박영사 출판사 관계자 분께도 이 글로 고마움을 전하고자 한다.

2018. 8. 20
권 순 현

차 례

공직법입문 (헌법)

공직법입문 (행정법)

공직법입문 (형법)

공직법입문 (민법)

공직법입문
(헌법)

제1편 헌법(상)

제1장 헌법총론·기본권총론

제1절 헌법총론

제1강 헌법의 의의·분류

Ⅰ. 헌법의 의의

헌법이란 국가적 공동체의 존재형태와 기본적 가치질서에 관한 국민적 합의를 법규범적인 논리체계로 정립한 국가의 기본법이다.

헌법은 그 시대의 정치적 이념과 시대사상을 반영하는 역사적 생성물이다. 역사적인 차원에서 볼 때, 헌법의 개념은 국가에 고유한 헌법에서 출발하여 근대입헌주의헌법을 거쳐 현대사회국가적 헌법으로 발전해 왔다.

Ⅱ. 헌법의 분류

헌법의 전통적 분류방법에 따르면 첫째, 헌법의 존재형식이 성문이냐 불문이냐에 따라서 성문헌법과 불문헌법으로 분류할 수 있다. 둘째, 헌법의 개정방법을 기준으로 경성헌법과 연성헌법으로 분류할 수 있다. 셋째, 헌법의 제정주체를 기준으로 흠정헌법, 민정헌법, 협약헌법, 국약헌법으로 분류할 수 있다.

제2강 헌법의 제정·개정·변천

Ⅰ. 헌법의 제정

사회적 공동체는 헌법의 제정을 통해 정치적 공동체인 국가적 공동체로 탄생한다. 실질적 의미에서의 헌법의 제정이라 함은 정치적 공동체의 형태와 기본적 가치질서에 관한 국민적 합의를 법규범체계로 정립하는 것이다. 이에 대하여 형식적 의미에서의 헌법의 제정이라 함은 헌법제정권자가 헌법사항을 성문의 헌법으로 법전화하는 것을 말한다.

Ⅱ. 헌법의 개정

헌법의 개정이라 함은 헌법에 규정된 개정절차에 따라 기존의 헌법과 기본적 동일성을 유지하면서 헌법의 특정조항을 의식적으로 수정 또는 삭제하거나 새로운 조항을 추가함으로써 헌법의 형식이나 내용에 변경을 가하는 행위를 말한다.

Ⅲ. 헌법의 변천

헌법의 변천이라 함은 특정의 헌법조항이 헌법에 규정된 개정절차에 따라 의식적으로 수정·변경되는 것이 아니고, 당해 조문은 원상대로 존속하면서 그 의미내용만이 실질적으로 변화하는 경우를 말한다.

제3강 헌법의 수호

Ⅰ. 헌법의 수호

헌법의 수호 내지 헌법의 보장이라 함은 헌법의 핵심적 내용이나 규범력이 헌법에 대한 침해로 말미암아 변질되거나 훼손되지 아니하도록 헌법에 대한 침해행위를 사전에 예방하거나 사후에 배제하는 것을 말한다.

헌법수호제도는 평상적 헌법수호와 비상적 헌법수호로 분류할 수 있다. 비상적 헌법수호에 해당하는 것으로는 국가긴급권과 저항권을 들 수 있다.

Ⅱ. 국가긴급권

국가긴급권이라 함은 전쟁·내란·경제공황 등과 같이 국가의 존립과 안전을 위태롭게 하는 비상사태가 발생한 경우에, 국가원수가 헌법에 규정된 통상적인 절차와 제한을 무시하고, 국가의 존립과 안전을 확보하기 위하여 필요한 긴급적 조치를 강구할 수 있는 비상적 권한을 말한다.

Ⅲ. 저항권

저항권이라 함은 민주적·법치국가적 기본질서 또는 기본권보장체계를 위협하거나 침해하는 공권력에 대하여 더 이상의 합법적인 대응수단이 없는 경우에, 주권자로서의 국민이 민주적·법치국가적 기본질서를 유지·회복하고 기본권을 수호하기 위하여 공권력에 저항할 수 있는 최후의 비상수단적 권리를 말한다.

Ⅳ. 방어적 민주주의

방어적 민주주의라 함은 민주주의의 이름으로 민주주의 그 자체를 파괴하거나 자유의 이름으로 자유의 체계 그 자체를 말살하려는 민주적·법치국가적 헌법질서의 적으로부터 민주주의가 자신을 효과적으로 방어하고 그와 투쟁하기 위한 자기방어적·자기수호적 민주주의를 말한다.

제4강 대한민국의 구성요소

Ⅰ. 국가권력

넓은 의미로 국가권력이라 함은 주권과 통치권을 말한다. 어떠한 정치적 통일체가 국가이기 위해서는, 국가의사를 전반적·최종적으로 결정할 수 있는 최고권력인 주권과, 현실적으로 국가적 조직을 유지하고 국가적 목적을 실현하기 위한 구체적 권력으로서의 통치권을 필요로 한다.

Ⅱ. 국민

국민이라 함은 국가에 소속하는 개개의 자연인을 말하며, 이들 개개인은 전체로써 국민을 구성한다. 국민은 인민과 구별된다. 국민은 국가적 공동체를 전제로 한 개념으로서 국가의 구성원, 즉 국적을 가진 개개인의 집합을 의미하는데 대하여, 인민은 국가적 공동체와는 무관한 사회적 개념인 사회의 구성원을 의미한다.

Ⅲ. 국가의 영역

국가는 일정한 범위의 공간을 그 존립의 기초로 한다. 이 공간이 영역이다. 영역은 국가의 법이 적용되는 공간적 범위를 의미하면서 국가적 지배의 물적 대상을 의미하기도 한다. 영역은 영토·영해·영공으로 구성된다.

제5강 대한민국의 기본원리

Ⅰ. 국민주권의 원리

국민주권의 원리라 함은 국가적 의사를 전반적·최종적으로 결정할 수 있는 최고의 권력인 주권을 국민이 보유한다는 것과 모든 국가권력의 정당성의 근거를 국민에게서 찾아야 한다는 것을 내용으로 하는 민주국가적 헌법원리를 말한다. 이러한 국민주권의 원리는 미국의 독립선언과 프랑스의 인권선언을 비롯한 현대민주국가의 헌법들이 예외없이 선언하고 있다.

Ⅱ. 자유민주주의

자유민주주의는 자유주의와 민주주의가 결합된 정치원리이다. 자유주의라 함은 국가권력의 간섭을 배제하고 개인의 자유와 자율을 옹호하고 존중할 것을 요구하는 사상적 입장을 말한다. 이러한 의미의 자유주의는 18세기에 와서 신흥시민계급이 주장한 이데올로기로서 개인의 자유를 이상으로 하고, 자유경쟁에 입각한 자율적 행동원리를 그 수단으로 하는 정치철학이요 정치원리라고 할 수 있다. 이에 대하여 민주주의라 함은 국민에 의한 지배 또는 국가권력이 국민에게 귀속되는 것을 내용적 특징으로 하는 정치원리를 말한다고 할 수 있다.

Ⅲ. 사회국가의 원리

사회국가라 함은 모든 국민에게 그 생활의 기본적 수요를 충족시킴으로써 건강하고 문화적인 생활을 영위할 수 있도록 하는 것이 국가의 책임이면서, 그것에 대한 요구가 국민의 권리로서 인정되어 있는 국가를 말한다. 사회국가의 원리는 사회정의를 구현하기 위하여 법치국가적 방법으로 모든 국민의 복지를 실현하려는 국가적 원리를 말한다. 사회국가의 원리는 실질적 법치국가를 실천목표로 하고 사회적 시장경제질서에 의하여 뒷받침된다는 점에서 사회적 법치국가의 원리와 표리의 관계에 있다.

Ⅳ. 문화국가의 원리

문화국가라 함은 국가로부터 문화활동의 자유가 보장되고 국가에 의하여 문화가 공급되어야 하는 국가, 즉 문화에 대한 국가적 보호·지원·조정 등이 이루어져야 하는 국가를 말한다. 현대국가는 문화의 자율성을 최대한으로 존중하면서도 문화에 대한 자유방임정책이 초래한 현대적 모순과 불합리성을 극복하기 위해 능동적으로 문화를 형성하고 보호하는 기능을 떠맡게 되었다. 이러한 의미에서 현대의 문화국가는 문화조성적 국가라고도 할 수 있다.

Ⅴ. 법치국가원리

법치국가의 원리가 현대민주국가에서는 예외없이 헌법적 원리의 하나로 인식되고 있지만, 그것은 다의적인 개념이기 때문에 각국의 역사적 상황이나 논자의 시각에 따라 그 개념규정이 동일하지 아니하다. 그러나 법치국가라 함은 일반적으로 사람이나 폭력이 지배하는 국가가 아니라 법이 지배하는 국가를 말한다. 그렇다면 법치국가의 원리란 모든 국가적 활동과 국가공동체적 생활은 국민의 대표기관인 의회가 제정한 법률에 근거를 두고 법률에 따라 이루어져야 한다는 헌법원리라고 할 수 있다.

Ⅵ. 평화국가의 원리

평화국가라 함은 국제협조와 국제평화의 지향을 그 이념적 기반으로
하는 국가를 말한다. 평화국가의 원리란 국제적 차원에서 평화공존·
국제분쟁의 평화적 해결·각 민족국가의 자결권존중·국내문제불간섭
등을 핵심내용으로 하는 국제평화주의를 국가목적으로 하는 원리를
말한다.

제6강 한국헌법의 기본질서

Ⅰ. 민주적 기본질서

민주적 기본질서에 관한 논의는 곧 민주주의에 관한 논의라고 할 수
있다. 하지만 민주주의는 다의적 개념이므로 일의적인 개념 규정이 불
가능하다. 민주주의의 본질적 내용을 이루는 보편적 가치 내지 이념이
무엇인가에 관해서는 다양한 견해가 있으나, 일반적으로 국민주권을
비롯하여 자유·평등·정의 등을 들고 있다.

민주적 기본질서는 헌법적 질서의 하나로서 자유민주주의와 사회민주
주의를 비롯한 모든 민주주의를 그 내용으로 포괄하는 공통분모적 상
위개념이다.

Ⅱ. 사회적 시장경제질서

사회적 시장경제질서는 사회국가라는 국가적 유형에 대응하는 경제질
서이다. 사회적 시장경제질서라 함은 사유재산제의 보장과 자유경쟁을
기본원리로 하는 시장경제질서를 근간으로 하되, 사회복지·사회정의·
경제민주화 등을 실현하기 위하여 부분적으로 사회주의적 계획경제(통
제경제)를 가미한 경제질서를 말한다.

Ⅲ. 평화주의적 국제질서

양차세계대전의 체험을 계기로 제2차대전 이후에는 각국이 전쟁을 방
지하고 평화를 유지하기 위한 각별한 노력을 기울이고 있다. 여러 국제

조약과 각국헌법에 국제평화주의를 선언하고 침략전쟁금지를 위한 평화조항을 수용하게 되었다. 그 내용으로는 국제법규의 존중과 준수와 외국인의 법적 지위보장을 들 수 있다. 또한 우리나라에서는 평화통일의 원칙도 평화주의적 국제질서에 포함될 수 있다.

제7강 한국헌법의 기본제도

I. 정당제도(복수정당제)

현대민주국가에 있어서 정당은 분산된 국민의 정치적 의사를 일정한 방향으로 유도하고 결집하여 상향적으로 국가의사결정에 반영하는 매개체 또는 중개자역할을 담당한다.

현대민주국가에서 정당이 수행하는 공적 기능을 제도적으로 보장하고 반의회주의적 정당의 폐해를 방지하기 위하여 제2차대전 이후에는 정당제도를 헌법에 수용하는 국가들이 증가하고 있다. 우리나라는 헌법 제8조에서 복수정당제도를 보장하고 있다.

II. 선거제도

선거라 함은 국민적 합의에 바탕한 대의제민주정치를 구현하기 위하여 주권자인 국민이 그들을 대표할 국가기관을 선임하는 행위를 말한다. 선거는 법적으로 유권자의 집단인 선거인단이 국회의원이나 대통령 등 국민을 대표할 국가기관을 선임하는 집합적 합성행위라는 성질을 가진 것이다.

현대민주국가는 대의제를 기반으로 하고 있는 까닭에 선거제도와 그 운용은 대의제민주주의의 성패를 가름하는 관건이 된다. 그러나 현대 정당제민주국가에서는 선거의 의미가 변질되어 선거가 인물선정이라는 성격 외에 여러 가능한 정부 중에서 그 하나를 선택한다고 하는 정부선택적 국민투표의 성격도 아울러 가지고 있다.

Ⅲ. 공무원제도

공무원이라 함은 직접 또는 간접으로 국민에 의하여 선출되거나 임용권자에 의하여 임용되어 국가 또는 공공단체의 공법상의 근무관계를 맺고 공공적 업무를 담당하고 있는 자를 말한다.

제도로서 직업공무원제를 보장한다 함은 공무원근무관계가 공법상의 근무관계, 종신제, 정치적 중립성, 능력주의, 경력과 직렬의 구분, 국가에 의한 생활보장, 신분관계의 법적 보호 등을 내용으로 하는 공직제도라야 함을 의미한다. 우리나라는 헌법 제7조에서 공무원의 법적지위·책임·신분과 정치적 중립성 등에 관하여 규정하고 있다.

Ⅳ. 지방자치제도

지방자치제도라 함은 일정한 지역을 단위로 하여, 일정한 지역의 주민이 그 지방에 관한 여러 가지 사무를 그들 자신의 책임하에, 자신들이 선출한 국방부 직할부대 및 기관을 통하여 직접 처리하게 함으로써, 지방자치행정의 민주성과 능률성을 제고하고, 지방의 균형있는 발전과 아울러 국가의 민주적 발전을 도모하는 제도를 말한다.

지방자체제의 이념은 민주주의와 밀접한 관련을 가지고 있다. 풀뿌리 민주주의를 강화하고 직접민주주제의 요소를 정착시키며 중앙집권주의를 견제할 수 있는 지방분권주의의 실현이 곧 지방자치제의 이념이라 할 수 있다. 우리나라는 헌법 제117조, 제118조에서 지방자치제도를 규정하고 있다.

제2절 기본권총론

제1강 기본권의 의의

인권 또는 인간의 권리라 함은 인간이 인간으로서 당연히 누리는 권리를 말한다. 이러한 의미의 인권을 최초로 선언한 헌법은 버지니아권리장전과 프랑스인권선언이다. 인권 또는 인간의 권리를 독일 등에서는 기본적 인권 또는 기본권이라고 한다. 엄밀한 의미에서 인권과 기본권은 동일한 개념이 아니다. 인권은 인권사상을 바탕으로 하여 인간이 인간이기 때문에 당연히 누리는 인간의 생래적·천부적 권리를 의미하지만, 기본권은 헌법이 보장하는 국민의 기본적 권리를 의미하기 때문이다. 그러나 각국의 헌법에서 보장하고 있는 기본권은 자유권적 기본권을 중심으로 하고 있을 뿐만 아니라 그 밖의 정치적·경제적·사회적 기본권 등도 인간의 권리와 보완관계에 있는 것이기 때문에 인권과 기본권을 동일시하여도 무방하다고 할 수 있다.

제2강 기본권의 분류·유형

Ⅰ. 기본권의 분류

기본권은 주체, 성질, 내용, 효력을 기준으로 분류할 수 있다. 여기에서는 효력을 기준으로 한 분류를 알아보겠다. 효력을 기준으로 하여서 구체적 기본권과 추상적 기본권으로 분류할 수 있다.

구체적 기본권이라 함은 모든 국가권력을 직접 구속하는 효력을 가진 기본권을 말한다. 이에 대하여 추상적 기본권이라 함은 입법에 의하여 비로소 구체적 권리가 되는 기본권으로서, 입법자에 대해 입법의 의무만을 부과하는 것일 뿐 집행권과 사법권에 대해서는 직접적 구속력이 없는 기본권을 말한다. 다수설은 사회적 기본권을 추상적 기본권으로 이해하고 있다.

Ⅱ. 기본권의 유형

기본권의 유형을 기본권의 내용과 성질이라는 복합기준에 따라 현행 헌법상의 기본권을 포괄적 기본권(헌법 제10조, 제11조), 자유권적 기본권(헌법 제12부터 제23조까지), 정치적 기본권(헌법 제24조, 제25조), 청구권적 기본권(헌법 제26조부터 제30조까지), 사회적 기본권(헌법 제31조부터 제36조까지)으로 나눌 수 있다.

제3강 기본권의 주체

Ⅰ. 자연인

한국의 국적을 가진 대한민국의 국민은 누구나 헌법이 보장하는 기본권의 주체가 될 수 있다. 다만 기본권의 주체성은 기본권보유능력과 기본권행사능력으로 나누어진다. 기본권보유능력이라 함은 기본권을 보유할 수 있는 기본권귀속능력을 말한다. 기본권보유능력은 국민이면 누구나 가지는 것이므로, 이 때의 국민 중에는 미성년자나 심신상실자·수형자 등도 포함된다. 기본권행사능력이라 함은 기본권의 주체가 자신의 기본권을 현실적으로 행사할 수 있는 자격 또는 능력을 말한다. 선거권·피선거권·투표권 등 특정한 기본권은 그것을 현실적으로 행사하기 위해서는 일정한 연령요건을 구비하고 결격사유가 없어야 하는 등 기본권행사능력이 요구되는 경우가 있다. 외국의 국적을 가진 자와 무국적자도 기본권의 주체가 될 수 있는가에 관해서는 견해가 갈리고 있다.

Ⅱ. 법인

헌법학의 영역에서 기본권에 관한 전통적인 논의는 국가와 국민과의 관계를 중심으로 하여 전재되어 왔다. 그러나 오늘날에는 다양한 조직·단체·법인 등의 실재성과 사회적 중요성이 증대됨에 따라 이들을 더 이상 헌법의 무인도로 방치하여 둘 수 없게 되었다. 하지만 독일기본법처럼 법인의 기본권주체성을 명문으로 규정하고 있지 아니한 헌법의 경우에는 법인도 기본권의 주체가 될 수 있는가가 논란의 대상이 되고 있다. 원칙적으로 법인의 기본권주체성을 긍정하고 있다. 단 공법인에 대해서는 원칙적으로 기본권주체성을 부정하되, 제한된 범위안에서 예외적으로만 기본권주체성을 긍정하고 있다.

제4강 기본권의 효력

Ⅰ. 기본권의 대국가적 효력

기본권의 효력이라 함은 기본권이 그 의미와 내용대로 실현될 수 있는 힘, 즉 기본권의 구속력을 말한다. 국가작용은 권력작용(공권력의 행사)과 비권력작용(관리작용·국고작용)으로 구분된다. 기본권은 모든 공권력적 국가작용을 직접 구속하는 효력을 가진다.

국가작용 중 공권력의 발동인 권력작용은 그것이 국가기관에 의한 것이든 지방자치단체에 의한 것이든 공권력수탁자에 의한 것이든 그 모두가 기본권에 기속된다. 그러나 영조물의 설치·관리, 예산재원의 조달, 공공수요의 충족 등 경제활동을 내용으로 하는 관리작용과 국고작용 등 경제적 비권력작용까지도 기본권에 기속되는가에 관해서는 견해가 갈리고 있다.

Ⅱ. 기본권의 제3자적 효력

기본권이 사인의 법률행위나 사인 상호간의 법률관계에도 적용되는가 하는 기본권의 제3자적 효력(대사인적 효력)여하에 관해서는 각국헌법에 명문의 규정이 거의 없으며 학설도 갈리고 있다.

독일에서의 이론전개를 살펴보면 효력부인설(제3자적 효력부정설), 직접효력설(직접적용설), 간접적용설(간접효력설)이 있는데 간접적용설(공서양속설)이 다수설이다. 우리날에서도 헌법에 명문의 규정이 없는 경우 간접적용설(공서양속설)에 따라 기본권규정이 사법상의 일반원칙을 통해 사법관계에 적용된다고 보는 것이 다수설의 입장이다.

미국에서도 사정부이론의 관점에서 사인의 특정한 행위를 국가행위로 간주하는 헌법판례이론을 가지고, 헌법규정을 사법관계에 직접적용하는 이론구성을 하고 있다. 이것을 국가유사론 또는 국가행위의제론이라고 한다.

Ⅲ. 기본권의 갈등

헌법의 기본권규정들은 각기 고립하여 존재하는 것이 아니라 어떠한 형태로든 다른 기본권규정들과 관련을 가지고 있으며, 때로는 기본권 상호간에 마찰과 모순을 드러내는 경우도 없지 아니하다. 기본권간의 마찰과 모순으로부터 야기되는 제반문제를 기본권의 갈등이라 한다. 기본권의 갈등은 단일의 기본권주체가 동시에 여러 기본권의 적용을 주장하는 경우(기본권의 경합)와 복수의 기본권주체가 서로 대립되는 상이한 기본권의 적용을 주장하는 경우(기본권의 충돌)를 포괄하는 개념이다.

1. 기본권의 경합(경쟁)

기본권의 경합이라 함은 단일의 기본권주체가 국가에 대해 동시에 여러 기본권의 적용을 주장하는 경우를 말한다. 일반적으로 기본권 경합의 문제는 상이한 제한의 정도를 규정한 법률유보가 부가됨으로써 그 제한의 가능성이 각기 상이한 여러 기본권을 단일의 기본권주체가 동시에 주장하는 경우에 발생한다. 이러한 경우 제한의 가능성이 보다 더 큰(효력이 보다 약한) 기본권과 제한의 가능성이 더 작은(효력이 보다 강한) 기본권 중에서 어느 것을 우선적으로 적용할 것인가가 헌법문제로서 제기된다.

2. 기본권의 충돌(상충)

기본권의 충돌이라 함은 복수의 기본권주체가 서로 충돌하는 권익을 실현하기 위하여 국가에 대해 각기 대립되는 기본권의 적용을 주장하는 경우를 말한다. 기본권의 충돌은 복수의 기본권주체를 전제로 하고, 원칙적으로 국가에 대하여 기본권을 주장하는 경우를 말한다.

실질적으로는 사인 상호간에 이해관계가 충돌하는 경우라 하더라도 기본권규정의 적용과 관련된 권리자와 의무자는 국가와 사인일 수밖에 없다. 왜냐하면 기본권의 충돌이란 국가공권력이 한 사인의 기본권을 보호하려는 의도를 가지고 이와 대립하는 다른 사인의 기본권을 제한하는 경우를 의미하기 때문이다.

제5강 기본권의 제한

기본권의 제한이라 함은 기본권의 효력이나 그 적용범위를 축소하거나 한정하는 것을 말한다. 기본권을 제한하는 방식에는 헌법유보에 의한 제한과 법률유보에 의한 제한의 두가지가 있다.

I. 헌법유보에 의한 기본권의 제한

1. 헌법유보의 의미

기본권에 당연히 내제하는 한계성을 명문화한 것이든 새로운 제한을 창설한 것이든, 헌법이 명문의 규정을 가지고 직접 기본권의 제한을 규정하고 있는 경우에, 그것을 기본권제한에 관한 헌법유보 또는 헌법직접적 기본권제한이라 한다. 헌법유보에는 헌법이 직접 기본권 전반에 대하여 제한을 규정하는 일반적 헌법유보와 특정의 기본권에 한하여 제한을 규정하는 개별적 헌법유보가 있다.

2. 헌법유보의 유형

가. 일반적 헌법유보

현행헌법에는 독일기본법 제2조 제1항과 같은 일반적 헌법유보에 해당하는 규정이 없다. 그러나 일반적 헌법유보에 관한 조항이 없을지라도 타인의 권리·도덕률·헌법질서 등의 존중은 국가적 공동생활을 위하여 기본권에 당연히 내재하는 제약사유이다.

나. 개별적 헌법유보

현행헌법에서도 정당의 목적과 활동에 관한 제한(헌법 제8조 제4항), 언론·출판의 사회적 책임의 강조(헌법 제21조 제4항), 재산권의 행사의 제약(헌법 제23조 제2항) 등에 관한 조항은 개별적 헌법유보라고 할 수 있다. 이들 헌법조항은 개별 기본권별로 직접 헌법에서 제약사유를 명기하고 있으므로, 이들 조항은 개별적 헌법유보에 해당하는 것이다.

Ⅱ. 법률유보에 의한 기본권의 제한

1. 법률유보의 의미

헌법이 기본권의 제한을 직접 규정하지 아니하고 그 제한을 법률에 위임하고 있는 경우에 그것을 기본권제한에 관한 법률유보 또는 헌법간접적 기본권제한이라 한다. 법률유보에도 헌법이 특정의 기본권에 한하여 법률로써 제한할 수 있다라고 규정하는 개별적 법률유보와 기본권전반이 법률에 의하여 제한할 수 있다고 규정하는 일반적 법률유보가 있다.

2. 법률유보의 유형

가. 일반적 법률유보

기본권제한에 관한 일반적 법률유보조항을 의미하는 헌법 제37조 제2항 전단은 법률로써 기본권을 제한하는 경우에 준수되어야 할 일반준칙을 규정한 조항이다. 따라서 기본권을 제한하는 입법을 함에 있어서는 입법목적의 정당성과 그 목적달성을 위한 방법의 적정성, 피해의 최소성, 그리고 그 입법에 의해 보호하려는 공공의 필요와 침해되는 기본권 사이에 균형성이 유지되게 하는 조건을 모두 갖추어야 하며, 이를 준수하지 않은 법률 내지 법률조항은 기본권제한의 입법적 한계를 벗어난 것으로 헌법에 위반된다.

[관련판례] 무등록 음반판매업자 등이 소유 또는 점유하는 모든 음반 등을 필요적으로 몰수하도록 규정한 이 사건 법률조항은 지나치게 가혹한 형벌을 규정함으로써 형벌체계상 균형을 잃고 형벌 본래의 기능과 목적을 달성함에 있어 필요한 정도를 현저히 일탈하여 결국 입법재량권이 자의적으로 행사된 경우에 해당한다고 볼 것이다. 따라서 이 사건 법률조항은 국민의 재산권등 기본권의 제한은 그 입법목적을 달성함에 필요한 최소한도에 그쳐야 한다는 헌법 제37조 제2항의 과잉입법금지원칙에

반한다(헌재 1995.11.30, 94헌가3).

나. 개별적 법률유보

모든 기본권은 일반적 법률유보에 따라 제한이 가능하지만, 별
도로 규정이 있는 경우가 있다. 이를 개별적 법률유보라 한다.
개별적 법률유보조항이 있는 기본권으로는 헌법 제12조 제1항
의 신체의 자유, 헌법 제23조 제3항의 재산권 등이 있다.

제2편 헌법(하)

제1장 헌법재판제도(헌법재판소)

제1절 헌법재판제도 개관

제1강 헌법재판의 의의

협의의 헌법재판이라 함은 사법적 국방부 직할부대 및 기관이 법률의 위헌 여부를 심사하고, 그 법률이 헌법에 위반되는 것으로 판단하는 경우에, 그 효력을 상실하게 하든가 그 적용을 거부하는 제도를 말한다. 이에 대하여 광의의 헌법재판이라 함은 헌법에 관한 쟁의나 헌법에 대한 침해를 헌법규범을 준거로 하여 사법적 절차에 따라 해결하는 작용으로서, 위헌법률심사 뿐 만 아니라 명령규칙심사·정당해산심판·탄핵심판·권한쟁의심판·헌법소원심판·선거소송심판 등을 총칭한다.

제2강 헌법재판의 기능

입헌민주국가에 있어서 헌법재판제도는 긍정적인 측면과 부정적인 측면을 함께 가지고 있다. 헌법재판의 긍정적 기능으로는 민주주의이념 구현의 기능, 헌법질서 수호의 기능, 기본권 보장의 기능, 소수자보호의 기능, 정치적 평화유지의 기능이 있다. 한편 부정적 측면으로는 사법부의 정치기관화를 초래하고, 보수적인 사법부로 말미암아 사회발전이 지연될 수 있다는 점이 그것이다.

제3강 헌법재판소의 구성

헌법재판소는 법관의 자격을 가진 9인의 재판관으로 구성되며, 재판관은 대통령이 임명한다. 이 중 3인은 국회에서 선출하는 자를, 3인은 대법원장이 지명하는 자를 임명한다. 헌법재판소장은 대통령이 국회의 동의를 얻어 재판관 중에서 임명한다. 헌법재판소를 대통령·국회·대법원장이 합동으로 구성하게 하는 것은 그 관할사항이 정치적 성격을 띠고 있기 때문에, 정치적 중립성을 유지하도록 하기 위한 것이지만, 헌법재판소가 수행하는 헌법수호기관으로서의 역할을 엄정하고 공정하게 수행할 수 있도록 하기 위한 것이기도 하다.

제2절 헌법재판의 유형

제1강 위헌법률심판

1. 위헌법률심판의 의의와 성질

위헌법률심판이라 함은 헌법재판소가 국회가 의결한 법률이 헌법에 위반되는가의 여부를 심사하고, 그 법률이 헌법에 위반되는 것으로 인정하는 경우에, 그 효력을 상실하게 하는 제도를 말한다.

현행헌법에 있어서 위헌법률심판은 사후교정적 위헌심사이며, 특히 구체적 규범통제로서의 성격을 가지는 것이다. 그러나 위헌으로 결정된 법률 또는 법률조항은 일반적으로 효력을 상실하여 그 법률이 폐지된 것과 동일한 효과를 낳게 하고 있다.

2. 위헌법률심판의 요건

위헌법률심판은 법률이 헌법에 위반되는 여부가 재판의 전제가 된 경우에, 당해 사건을 심리하는 법원의 제청에 따라, 헌법재판소가 그 법률의 위헌 여부를 심판하는 구체적 규범통제제도이다. 그러므로 헌법재판소가 법률 또는 법률조항에 대한 위헌여부의 심판을 하려면, 재판의 전제성과 법원의 제청이라는 요건이 구비되어야 한다.

3. 위헌법률심판의 대상

위헌법률심판에서 심판의 대상이 되는 법률은 형식적 의미의 법률은 물론이고 그와 동일한 효력을 가지는 법규범까지 모두 포함한다. 따라서 긴급명령과 긴급재정경제명령은 물론이고 조약도 위헌법률심판의 대상에 포함된다.

4. 위헌법률심판의 기준

위헌법률심판은 법률이 헌법에 위반되는 여부를 심판하는 것이므로, 심판의 기준은 헌법이어야 한다. 이 때의 헌법에는 형식적 의미의 헌법뿐만 아니라, 실질적 의미의 헌법에 해당하는 헌법적 관습까지 포함된다. 따라서 헌법적 관례나 관행도 위헌심판에서 심판의 기준이 된다.

5. 위헌법률심판의 결정

헌법재판소가 법률에 대한 위헌결정(한정합헌결정·한정위헌결정·헌법불합치결정·단순위헌결정)을 하려면, 9인의 재판관 중 6인 이상의 찬성이 있어야 한다. 그 밖의 경우에는 재판관 과반수의 찬성으로써 결정한다.

가. 합헌결정

(1) 단순합헌결정

헌법재판소가 법률의 위헌 여부를 심리한 결과 5인 이상의 재판관이 합헌이라고 판단하는 경우에 관하여, 헌법재판소법은 명백한 규정을 두고 있지 아니하다. 독일은 이런 경우에 「기본법에 합치한다」는 선언을 하고, 오스트리아는 제청신청을 기각하는 선고를 한다. 우리 헌법재판소는 「법률은 헌법에 위반되지 아니한다」라는 주문형식을 채택하고 있다.

(2) 위헌불선언결정

위헌불선언결정은 재판관 5인이 위헌의견을 제시하고 4인이 합헌의견을 제시한 경우에, 위헌의견이 다수임에도 위헌결정정족수(재판관6인 이상) 미달로 위헌선언을 할 수 없기 때문에, 우리 헌법재판소가 채택한 바 있는 독특한 결정형식이다. 1996년 이후에는 위헌불선언결정의 형식을 택하지 아니하고 단순합헌결정의 형식을 택하고 있다.

나. 위헌결정

(1) 단순위헌결정

헌법재판소가 위헌법률심판의 대상이 된 법률에 대하여 위헌성을 확인하게 되면 원칙적으로 위헌결정을 하고, 당해 법률은 효력을 상실하게 된다.

(2) 일부위헌결정

위헌결정에는 법률 전체에 대한 위헌선언 이외에 그 일부에 대한 위헌선언도 포함된다. 일부위헌의 대상은 독립된 법조문일 수도 있고, 법조문 중 특정의 항일 수도 있으며, 일정한 문장 혹은 그 일부분일 수도 있다.

다. 변형결정

(1) 헌법불합치결정

헌법불합치결정이라 함은 법률의 실질적 위헌성을 인정하면서도 입법자의 입법형성의 자유를 존중하고 법의 공백과 혼란을 피하기 위하여 일정기간까지는 당해 법률이 잠정적인 계속효를 가진다는 것을 인정하는 결정형식이다.

(2) 한정합헌결정

한정합헌결정이라 함은 해석여하에 따라서는 위헌이 되는 부분을 포함하고 있는 법령의 의미를, 헌법의 정신에 합치되도록 한정적으로 축소해석하여 위헌판단을 회피하는 결정형식이다. 헌법재판소는 한정합헌결정도 위헌결정의 범주에 드는 것이므로 재판관 6인 이상의 찬성을 요한다고 한다.

(3) 한정위헌결정

한정위헌결정이라 함은 불확정개념이거나 다의적인 해석가능성이 있는 조문에 대하여 헌법과 조화를 이룰 수 없는 확대해석은 헌법에 위반되어 채택할 수 없다는 뜻의 결정을 말한다. 한정위헌결정도 위헌결정의 범주에 드는 것이므로 재판관 6인 이상의 찬성을 요한다.

6. 위헌결정의 효력

가. 위헌결정의 기속력

위헌결정의 기속력은 대법원을 비롯한 각급법원과 국가기관·지방자치단체에 대해 미칠 뿐만 아니라, 불가변력이 있어 헌법재판소도 이를 스스로 취소·변경할 수 없다.

나. 일반적 효력의 부인

현행헌법의 위헌법률심사제는 구체적 규범통제이므로, 위헌결정이 있는 경우 당해 사건에 한하여 단지 그 적용이 배제되는 개별적 효력의 부인이라야 한다. 하지만 헌법재판소법은 위헌으로 결정된 법률 또는 법률조항은 그 효력을 상실한다라고 하여 일반적 효력까지 부인하고 있다. 이와 같이 구체적 규범통제이면서 위헌결정이 내려진 법률 또는 법률조항의 효력을 절대적으로 상실시키는 제도를 객관적 규범통제라고도 한다.

다. 위헌결정의 효력발생시기

위헌결정의 효력발생시기에 관한 입법례로는, 위헌결정에 소급효를 인정하면서 부분적으로 이를 제한하는 예(소급무효설의 입장), 장래효를 인정하면서 부분적으로 소급효를 인정하는 예(폐지무효설의 입장), 소급효를 인정할 것인가 장래효를 인정할 것인가를 사건별로 결정하는 예(선택적 무효설의 입장)가 있다. 결국 위헌결정의 효력발생시기에 관한 문제는 논리에 충실할 것인가 법률생활의 안정을 존중할 것인가라는 헌법정책 내지 입법정책의 문제라고 할 수 있다. 헌법재판소법 제47조 제2항은 「위헌으로 결정된 법률 또는 법률의 조항은 그 결정이 있는 날로부터 효력을 상실한다. 다만 형벌에 관한 법률조항은 소급하여 그 효력을 상실한다」라고 규정하고 있다. 이것은 장래효를 인정하면서 부분적으로 소급효를 인정하는 유형에 해당한다. 그리고 헌법재판소법은 위헌법률에 근거한 유죄의 확정판결에 대하여는 재심을 청구할 수 있게 하고 있다.

제2강 헌법소원심판

Ⅰ. 헌법소원의 의의

헌법소원제도라 함은 공권력의 행사 또는 불행사로 말미암아 헌법상 보장된 기본권이 직접 그리고 현실적으로 침해당한 자가 헌법재판기관에 당해 공권력의 위헌 여부의 심사를 청구하여 기본권을 구제받는 제도를 말한다.

헌법소원제도는 개인의 주관적 기본권을 보장한다는 기본권보장기능과 위헌적인 공권력행사를 통제함으로써 객관적인 헌법질서를 수호한다는 헌법보장기능을 수행한다. 이것을 헌법소원제도의 이중적 기능이라 한다.

Ⅱ. 헌법소원의 종류

1. 권리구제형 헌법소원

권리구제형 헌법소원이라 함은 공권력의 행사 또는 불행사로 말미암아 헌법상 보장된 기본권을 침해당한 자가 청구하는 헌법소원을 말한다(헌재법 제68조 제1항). 이것이 본래의 헌법소원이다. 권리구제형 헌법소원은 그 대상에 따라 입법작용에 대한 헌법소원·집행작용에 대한 헌법소원·사법작용에 대한 헌법소원 등으로 나누어진다.

2. 위헌심사형 헌법소원

위헌심사형 헌법소원이라 함은 위헌법률심판의 제청신청이 법원에 의하여 기각된 경우에 제청신청을 한 당사자가 청구하는 헌법소원을 말한다(헌재법 제68조 제2항). 이를 위헌제청형 헌법소원 또는 규범통제형 헌법소원 또는 위헌소원이라고도 한다. 독일에서는 위헌심판제청을 신청한 경우에, 법원이 제청신청을 기각하면 독립하여 이를 다투지 못하고, 항소나 상고를 통해 당해 기각결정을 시정받거나, 상고심판결에 대한 헌법소원을 통하여 법률의 위헌 여부를 다툴 수 있을 뿐이다. 그러나 우리 헌법재판소법은 제68조 제2항에서 위헌심판제청신청이 기각당한 경우에 바로 헌법소원을 청구할 수 있도록 함으로써, 제1심 단계에서부터 재판의 전제가 된 법률의 위헌

여부의 심판을 받을 수 있도록 하는 독특한 제도를 채택하고 있다. 헌법재판소법 제68조 제2항에 의한 위헌심사형 헌법소원의 성격 여부에 관해서는 견해가 갈리고 있다. 위헌재판심사설은 법원의 재판에 대해서는 원칙적으로 헌법소원이 인정되지 않으나, 위헌심판제청 신청에 대한 법원의 기각 결정에 대해서는 예외적으로 헌법소원을 허용함으로써 위헌재판심사를 인정한 것이 바로 위헌심사형 헌법소원이라고 한다. 이에 대하여 위헌법률심사설은 법률의 위헌심판제청 신청이 기각된 경우에는, 헌법소원의 전제요건인 침해된 기본권이 없으므로, 위헌심사형 헌법소원은 그 본질상 위헌법률심판에 해당하는 것이라고 한다. 헌법재판소는 위헌법률심사설 입장에 있다.

Ⅲ. 헌법소원심판의 청구

권리구제형 헌법소원심판을 청구할 수 있는 자는 공권력의 행사 또는 불행사로 말미암아 헌법상 보장된 자신의 기본권이 침해되었다고 주장하는 모든 국민이다. 이 때의 국민 중에는 자연인만이 아니라 법인(국내사법인)도 포함되며, 권리능력없는 사단도 일정한 범위안에서 헌법소원심판을 청구할 수 있다. 국민의 기본권을 보호 내지 실현할 책임과 의무를 지는 국가기관이나 그 일부 또는 공무원은 헌법소원을 청구할 수 없다. 이에 대하여 위헌심사형 헌법소원심판을 청구할 수 있는 자는 위헌제청신청을 한 당사자이다.

Ⅳ. 헌법소원심판청구의 실질적 요건(청구원인·청구대상·당사자적격성)

헌법재판소법 제68조 제1항의 규정에 의한 권리구제형 헌법소원심판을 청구하기 위한 실질적 요건은 다음과 같다. 공권력의 행사 또는 불행사가 존재할 것(공권력의 존재), 공권력의 행사 또는 불행사로 말미암아 헌법상 보장된 자신의 기본권이 직접적이고 현실적으로 침해되었을 것(당사자적격성: 자기관련성, 직접성, 현재성), 다른 법률에 구제절차가 있는 경우에는 그 절차를 모두 마친 후일 것(보충성의 원칙), 권리보호의 필요성이 있을 것(권리보호의 이익) 등이다.

그리고 헌법재판소법 제68조 제2항의 규정에 의한 위헌심사형 헌법소원(위헌소원)심판을 청구하기 위해서는 문제된 법률의 위헌여부가 재판의 전제가 되어야 하고(재판의 전제성), 법원이 청구인의 위헌제청신청을 기각한 경우(제청신청의 기각)라야 한다.

아래에서는 권리구제형 헌법소원의 경우를 중심으로 하여 그 실질적 요건을 살펴보기로 한다.

1. 공권력의 행사·불행사

헌법소원심판은 원칙적으로 헌법에 위반하는 모든 공권력의 행사 또는 불행사를 대상으로 하여 청구할 수 있다. 모든 공권력의 행사 또는 불행사라 함은 입법권·집행권·사법권을 행사하는 모든 국가기관의 적극적인 장위행위와 소극적인 부작위행위를 총칭한다.

2. 기본권의 침해

헌법소원심판청구는 헌법상 보장된 기본권이 침해되었음을 요건으로 하지만, 그 침해는 심판청구인 자신의 기본권이 직접 그리고 현재 침해된 경우라야 한다. 다시 말하면 헌법소원은 기본권의 직접적인 피해자에게만 허용되므로, 누구에게나 심판청구가 허용되는 민중소송은 현행헌법소원제도상 인정되지 아니한다. 요컨대 헌법소원심판을 청구할 수 있으려면, 기본권의 침해가 자기와 관련이 있을 것(자기관련성)·직접적일 것(직접성)·현실적일 것(현재성) 등의 요건을 갖추어야 한다.

3. 보충성의 원칙

헌법소원의 보충성이라 함은 기본권침해를 제거할 수 있는 다른 수단이 없거나 헌법재판소에 제소하지 아니하고도 동일한 결과를 얻을 수 있는 법적 절차나 방법이 달리 없을 때에 한하여, 예외적으로 인정되는 최후적 기본권보장수단성을 말한다. 헌법재판소법 제68조 제1항 단서는 「다른 법률에 구제절차가 있는 경우에는 그 절차를 모두 거친 후가 아니면」 헌법소원심판을 청구할 수 없다라고 하여 보충성의 원칙을 규정하고 있다. 「다른 법률에 의한 구제절차」라 함은 공권력의 행사 또는 불행사를 직접 대상으로 하여 그 효력을 다툴 수 있는 적법한 권리구제절차를 의미하는 깃이지, 공권력의 행사 또는 불행사의 결과 생긴 효과를 원상복귀시키거나, 사후적·보충적 구제수단인 손해배상청구나 손실보상청구를 의미하는 것은 아니다.

4. 권리보호의 이익(소의 이익·심판청구의 이익)

헌법소원은 국민의 침해된 기본권을 구제하는 제도이므로, 그 제도의 목적상 당연히 권리보호의 이익이 있는 경우라야 제기할 수 있다. 따라서 심판청구 당시 권리보호의 이익이 인정되더라도, 심판계속 중에 생긴 사정변경, 즉 사실관계 또는 법령제도의 변동으로 말미암아 권리보호의 이익이 소멸 또는 제거된 경우에는, 원칙적으로 심판청구는 부적법하게 된다. 다만 그와 같은 경우에도 그러한 기본권침해행위가 반복될 위험이 있거나, 그러한 분쟁의 해결이 헌법질서의 수호유지를 위하여 긴요한 사항이어서 헌법적으로 그 해명이 중대한 의미를 지니고 있는 경우에는, 예외적으로 심판청구의 이익이 있다고 볼 수 있다.

V. 헌법소원의 심판

1. 지정재판부의 사전심사

헌법재판소법은 헌법소원의 남소로 인한 헌법재판소의 업무량과다를 조절하기 위한 장치로서 공탁금납부명령제와 지정재판부에 의한 사전심사제를 규정하고 있다. 헌법재판소장은 재판관 3인으로 구성되는 지정재판부를 두어 헌법소원심판의 사전심사를 담당하게 할 수 있다.

2. 전원재판부의 심판

지정재판부가 헌법소원을 재판부의 심판에 회부하는 결정을 한 때에는 전원재판부가 이를 심판한다. 헌법소원심판은 서면심리에 의하되, 재판부가 필요하다고 하는 경우에는 변론을 열어 당사자·이해관계인 기타 참고인의 진술을 들을 수 있다.

VI. 헌법소원의 종국결정

위헌심사형 헌법소원심판의 경우에 인용결정(위헌결정)이 있으면 「당해 헌법소원과 관련된 소송사건이 이미 확정된 때에는 당사자가 재심을 청구할 수 있다」는 점을 제외하고는, 그 결정형식은 위헌법률심판사건의 그것(합헌결정·위헌결정·변형결정 등)과 다를 것이 없다.

아래에서는 본래의 헌법소원인 권리구제형 헌법소원심판의 종국결정형식만을 살펴보기로 한다.

1. 각하결정

각하결정은 헌법소원심판청구의 요건이 부적법한 경우에 내리는 결정형식이다.

2. 기각결정

기각결정은 헌법소원심판청구가 「이유없는」 경우, 다시 말하면 공권력의 행사 또는 불행사로 말미암아 헌법상 보장된 자신의 기본권이 직접 그리고 현재 침해되었음이 인정되지 아니하여, 청구인의 주장을 배척하는 경우에 하게 되는 결정형식이다.

3. 인용결정

인용결정은 공권력의 행사 또는 불행사로 말미암아 청구인의 헌법상 보장된 기본권이 침해되었음을 인정하는 결정형식이다. 헌법재판소법 제75조에 따라 헌법재판소는 기본권침해의 원인이 된 공권력의 행사를 취소하거나 그 불행사가 위헌임을 확인할 수 있다.

제3강 탄핵심판

Ⅰ. 탄핵제도의 의의

탄핵제도라 함은 일반사법절차에 따라 소추하거나 징계절차로써 징계하기가 곤란한 고위직행정공무원이나 법관 등 신분이 보장된 공무원이 직무상 중대한 비위를 범한 경우에, 이들을 의회가 소추하여 처벌하거나 파면하는 제도를 말한다. 현행헌법에서의 탄핵제도는 형사처벌적 성질의 것이 아니고, 미국·독일 등과 마찬가지로 징계적 처벌의 성질을 가지는 것이다.

Ⅱ. 국회의 탄핵소추권

탄핵을 소추할 수 있는 기관은 국가에 따라 동일하지 아니하나 대체로 의회를 소추기관으로 하고 있다. 현행헌법은 「국회는 탄핵의 소추를 의결할 수 있다」라고 하여, 국회를 탄핵소추기관으로 하고 있다.

1. 탄핵소추의 대상자

헌법은 탄핵소추대상자로서 대통령·국무총리·국무위원·행정각부의 장, 헌법재판소 재판관·법관, 중앙선거관리위원회 위원·감사원장·감사위원, 기타 법률이 정한 공무원을 들고 있다.

2. 탄핵소추의 사유

헌법은 「직무집행에 있어서 헌법이나 법률에 위배된 때」라고 하여 탄핵소추의 사유를 포괄적으로 규정하고 있다.

Ⅲ. 헌법재판소에 의한 탄핵심판

탄핵심판은 실질적 의미에서 사법작용에 해당하므로, 공정하고 중립성이 보장된 기관으로 하여금 담당하게 해야 한다. 현행헌법은 헌법재판소로 하여금 탄핵심판을 담당하게 하고 있다. 그것은 탄핵심판이 헌법수호의 기능까지 아울러 가지고 있는 까닭에, 중립적 입장에서 공정한 심판을 할 수 있는 헌법재판소의 관할로 한 것이다.

1. 탄핵의 결정

탄핵심판사건은 헌법재판소의 재판관 전원(9인)으로 구성된 전원재판부에서 관장한다. 재판장은 헌법재판소장이 된다. 재판부는 재판관 7인 이상의 출석으로 사건을 심리하고, 탄핵의 결정을 할 때에는 재판관 6인 이상의 찬성이 있어야 한다.

2. 탄핵결정의 효과

탄핵결정은 공직자를 공직으로부터 파면함에 그친다. 그러나 탄핵의 결정으로 민사상의 책임이나 형사상의 책임이 면제되는 것은 아니다. 탄핵의 결정은 징계적 처벌이므로 탄핵결정과 민·형사재판간에는 일사부재리의 원칙이 적용되지 아니한다.

제4강 정당해산심판

Ⅰ. 정당해산의 제소

정부는 정당의 목적이나 활동이 민주적 기본질서에 위배될 때에는 국무회의의 심의를 거쳐 헌법재판소에 해산을 제소할 수 있다. 정부에 대하여 정당해산제소권을 부여하고 있는 결과, 정당에 대한 위헌 여부의 제1차적 판단은 정부의 권한이다.

Ⅱ. 정당해산의 심판

정당해산심판은 헌법재판소장을 재판장으로 하고, 7인 이상의 재판관이 출석한 재판부에서 심판한다. 그 심판절차는 구두변론주의와 공개주의를 원칙으로 한다. 헌법재판소는 정당해산심판의 청구가 있는 경우에, 청구인의 신청이나 직권으로 종국결정의 선고시까지 피청구인의 활동을 정지하는 결정(가처분결정)을 할 수 있다.

Ⅲ. 정당해산의 결정

헌법재판소는 9인의 재판관 중 6인 이상의 찬성으로써 정당의 해산을 명하는 결정을 할 수 있다. 헌법재판소의 정당해산결정은 각급법원은 물론이고 모든 국가기관을 기속한다.

Ⅳ. 정당해산결정의 집행

헌법재판소가 정당의 해산을 명하는 결정을 한 때에는 결정서를 피청구인과 국회·정부 및 중앙선거관리위원회에 송달하여야 한다. 정당해산결정은 중앙선거관리위원회가 정당법의 규정에 따라 집행한다.

Ⅴ. 정당해산결정의 효과

헌법재판소가 해산결정을 선고하면 그 때부터 그 정당은 위헌정당이 되기 때문에 정당의 특권을 상실한다. 첫째, 정당의 대표자와 간부는 해산된 정당의 강령 또는 기본정책과 동일하거나 그와 유사한 대체정당을 창설하지 못한다. 둘째, 해산된 정당의 잔여재산 중 적극재산은 국고에 귀속된다. 셋째, 소속의원의 자격에 대하여는 규정이 없어 학설이 대립하고 있다. 현대국가들이 정당국가로 발전하고 있는 추세에 비추어 보거나 방어적 민주주의의 관점에서 볼 때, 의원자격을 상실하는 것으로 보는 것이 다수설 입장이다. 넷째, 해산된 정당의 명칭과 동일한 명칭은 정당의 명칭으로 다시 사용하지 못한다.

제5강 권한쟁의심판

Ⅰ. 권한쟁의심판의 의의

권한쟁의라 함은 국가기관 또는 지방자치단체 등간에 권한의 존부나 범위에 관하여 적극적 또는 소극적 분쟁이 발생한 경우에, 독립적 지위를 가진 제3의 기관이 그 권한의 존부·내용·범위 등을 명백히 함으로써 기관간의 분쟁을 해결하는 제도를 말한다.

Ⅱ. 권한쟁의의 심판

1. 권한쟁의심판의 청구사유

기관간에 권한의 존부나 범위에 관하여 다툼이 있으면, 국가기관이나 지방자치단체는 헌법재판소에 권한쟁의심판을 청구할 수 있다.

심판청구는 피청구인의 처분 또는 부작위가 헌법이나 법률에 의하여 부여받은 청구인의 권한을 침해하였거나 침해할 현저한 위험이 있는 때에 한하여 할 수 있다.

2. 권한쟁의심판의 심리

권한쟁의의 심판은 구두변론에 의하며, 심판의 변론과 결정의 선고는 공개한다. 다만 서면심리와 평의는 공개하지 아니한다. 그리고 헌법재판소가 권한쟁의심판의 청구를 받은 때에는 직권 또는 청구인의 신청에 의하여 종국결정의 선고시까지 심판대상이 된 피청구인의 처분의 효력을 정지하는 결정(가처분결정)을 할 수 있다.

Ⅲ. 권한쟁의심판의 결정

1. 결정정족수

권한쟁의의 결정은 재판관 7인 이상이 참석하고, 참석재판관 중 과반수의 찬성으로써 한다.

2. 결정의 내용

헌법재판소는 심판의 대상이 된 국가기관 또는 지방자치단체의 권한의 존부 또는 범위에 관하여 판단한다. 피청구인의 처분이나 부작위가 청구인의 권한을 침해한 때에는 이를 취소하거나 무효를 확인할 수 있다.

3. 결정의 효력

헌법재판소의 권한쟁의심판의 결정은 모든 국가기관과 지방자치단체를 기속한다. 헌법재판소가 부작위에 대한 심판청구를 인용하는 결정을 한 때에는 피청구인은 결정취지에 따른 처분을 해야 한다. 국가기관 또는 지방자치단체의 처분을 취소하는 결정은 그 처분의 상대방에 대하여 이미 발생한 효력에는 영향을 미치지 아니한다.

공직법입문
(행정법)

[행정법 학습방법]

1. 행정법이란 무엇인가

1. 개념

행정법을 처음 접했을 때, 난해하고 어렵다는 인식이 많다. 그러나 행정법은 도로공사, 음식점영업허가, 자동차운전면허발부, 공무원 임용 등과 같이 우리 생활 속에서 이루어지고 있는 행정기관과 국민 간의 법률관계를 규율하는 법이다. 학문적으로 행정법은 국가나 지방자치단체 등과 같은 **행정주체의 조직**과 그러한 행정주체가 내부적 또는 외부적으로 국민에게 행사하는 일정한 행위인 **작용**, 행정주체에 의한 공권력의 행사인 행정작용으로 권리나 이익이 침해된 국민의 구제를 위한 제도를 규율하고 있는 **행정구제**에 관한 내용을 담고 있는 국내공법이다. 권력분립원칙에 따라 국가권력은 법제정행위인 입법, 법적용행위인 사법, 행정으로 분류되는데, 행정은 법집행작용으로 민주주의를 기초로 하는 근대입헌국가의 탄생과 함께 형성된 역사적 산물이다. 행정법은 법에 근거하여 국가공익실현을 위해 토지, 도로의 건설 등 한정된 자원을 효율적으로 이용하는 지침 역할을 하며, 재난구제, 경찰작용, 소방활동 등 국민생활의 필수적 서비스를 제공하며 사회부조, 사회보험 등 최소한도의 인간다운 생활을 보장하기 위한 다양한 생존배려를 제공한다는 점에서 존재의의가 있다.

2. 구별

(1) 민사법과의 구별

민사법은 상대적으로 대등한 사인 간의 법률관계의 분쟁을 재판에 의해 해결하기 위한 사법으로 우월적 지위에 있는 국가와 사인 간의 생활관계의 분쟁 해결을 위한 공법인 행정법과 구별된다. 민사법이 사적자치를 기본원리로 한다면 행정법은 공공복리를 기본원리로 하며 적용법규, 절차, 강제집행, 손해배상제도 등에서 구별된다.

이러한 차이 때문에 공익에 봉사하는 법을 공법으로 보고 사익을 실현하는 법을 사법으로 보는 이익설, 국가 등 행정주체를 당사자로 하는 법률관계를 규율하는 법을 공법으로 보고 사인 간의 법률관계를 규율하는 법을 사법으로 보는 주체설, 상하관계에 적용되는 법을 공법으로 보고 대등한 관계에 적용되는 법을 사법으로 보는 종속설 등 공·사법 구별을 위한 판단기준에 대한 학설이 대립한다.

(2) 형사법과의 구별

형법은 범죄의 성립요건과 그에 대한 법적 효과로서의 형사제재를 규정한 법으로 사인인 범죄자를 처벌하는 국가의 공형벌권에 관한 법으로 공법이라는 점에서 행정법과 동일하나, 형법은 행정법과 달리 형법전이라는 단일법전이 존재하고 형사재판에 있어서 적용되는 법이므로 행정법의 범주에 속하는 행형법 등과는 달리 사법법에 속한다.

(3) 특수성

행정법은 개별적 개인이 아닌 국민 전체 또는 다수의 이해관계인의 이익을 대상으로 하므로 획일성과 강행성이 요구되고, 국민의 신뢰보호와 법적 안정성을 위해 성문의 형식을 취함이 원칙이다. 그러나 헌법, 민법, 형법과는 달리 국내 행정법은 단행 법률이 존재하지 않고, 행정소송법, 행정심판법 등 다수의 법령형태로 존재한다(**형식상 특수성**). 또한 행정법은 공익실현을 목적으로 하므로 행정주체에게 우월적 지위를 부여하여 국민에게 강제력 있는 명령을 할 수 있고, 행정활동이 위법하더라도 당연 무효가 아닌 한 권한 있는 행정기관에 의한 행정행위는 취소가 있을 때까지 유효한 공정력을 부여하고 있다(**내용상 특수성**). 행정주체의 공권력행사는 법에 근거하여 법의 범위 내에서 이루어질 것을 엄격히 요하나(**법치행정의 원리**), 오늘날 행정국가화 현상으로 인해 행정활동이 요구되는 분야가 확대되었고 전문성과 기술성을 확보함으로써 효율적으로 공익을 실현하기 위해 행정주체에게 광범위한 재량권이 인정되는 경우가 많다(**성질상 특수성**).

2. 행정법의 공부방법

1. 개념파악

모든 법학이 다 그러하듯이 행정법도 기본개념의 정확한 파악이 첫째이다. 따라서 '의의'라고 되어 있는 부분의 내용을 이해하고, 또한 암기하여야 한다. 다만, 이러한 개념의 정확한 파악은 기본서 전부를 파악하고 있어야 가능한 것이므로 현 단계에서의 알 수 있는 만큼을 이해하고, 더 자세한 내용은 나중으로 미루는 것도 하나의 요령이라 할 수 있다.

2. 학설 및 판례의 정리

행정법은 성문법이 흠결된 경우가 많으므로 공법상의 분쟁은 대부분 이론에 따라 해결된다. 그리고 그 이론은 다양하고, 용어도 조금씩 다르기 때문에 상호간의 관계를 잘 정리할 것이 요구된다. 일단은 가장 보편적 내용으로 정리를 하되, 반대견해가 있을 수 있다는 생각을 항상 가지고 있어야 한다. 다수설(또는 통설)위주로 학설을 정리하면서 판례의 입장을 잘 이해하는 것이 중요하다. 오늘날 법학은 구체적 판례를 중시하며 각종 시험에서도 중점적으로 출제를 하고 있다는 점을 유의할 필요가 있다.

3. 구체적 예 검토

기본서에 나와 있는 대표적이고 구체적인 예를 항상 기억하고 있어야 한다. 기본서의 서술이 개념을 통하여 나타내고 있으므로 잘 이해가 되지 않을 때는 그 구체적 예를 기억하면서 접근할 필요가 있다. 그 대표적 예를 중심으로 서술되어 있는 내용을 이해하면 비교적 쉽게 그 내용을 이해될 수가 있다. 그러므로 기본서에 나오는 대표적인 예를 떠올리면서 그 내용을 기억하고 정리할 필요가 있다고 하겠다.

4. 행정법의 기본이념

행정법을 공부하면서 항상 생각해야 할 것은 행정의 목적달성이라는 공익과, 국민의 권익보호라는 사익을 고려하는 것이다. 특히, 국민의 권익구제 차원에서 어느 것이 타당한가를 검토하다 보면, 어느새 법적인 마인드가 형성되어지기 때문이다. 따라서 항상 국가와 국민 어느 쪽에 유리한 것인가를 검토하면서, 궁극적으로 국민의 권익에 도움이 되는 방법을 찾으려고 노력하는 생각이 필요하다.

제1편 행정법통론

제1장 ⌐ 행정

제1절 행정의 의의

1. 행정의 개념징표

- ⓒ 국가목적의 <u>구체적·능동적·적극적·형성적 활동</u>이다.
- ⓓ 전체로서 통일성을 지닌 <u>계속적·미래지향적 활동</u>이다.
- ⓔ 행정은 다양한 법형식에 의한다.
- ⓕ 행정의 내용과 범위는 국가와 시대에 따라 다르며, 입법·사법의 내용과 범위의 변천에 따라 변천된다.

2. 형식적 의미와 실질적 의미의 행정, 입법, 사법 비교

구분	형식적 의미의 입법	형식적 의미의 사법	형식적 의미의 행정
실질적 의미의 입법	법률제정	대법원규칙의 제정	긴급명령의 제정, 대통령령 및 부령의 제정, 조례 및 규칙 제정
실질적 의미의 사법	–	재판작용	<u>행정심판의 재결</u>, 소청심사위원회의 재결정, <u>통고처분</u>
실질적 의미의 행정	국회사무총장의 직원임명	일반법관의 임명 <u>부동산의 등기</u>	이발소 영업허가, 운전면허처분, 조세부과처분, 무허가건물에 대한 행정대집행

제2절 통치행위

1. 헌법 제64조는 국회의원의 자격심사, 제명, 징계에 대해 사법심사를 부정하여 통치행위라고 볼 수 있으나, 지방의회의 경우에는 그러하지 아니하다.
2. 개괄주의를 취할 때 그 논의의 실익이 크다. 단, 인정여부에 있어서는 긍정설과 부정설 중에서는 부정설의 논거가 될 수 있다.

3. 오늘날 제도나 이론상으로는 제한된 범위 내에서(즉 점차 축소되는 경향) 통치행위를 인정함이 일반적이다.
4. 프랑스는 행정재판소(Conseil d'Etat)의 판례를 통해 성립·발전하였고, 미국은 Luther vs. Borden Case가 최초판례이다.
5. 대통령의 사면권행사는 통치행위에 해당하며, 사법심사의 대상이 되지 않는다는 점(각하판결)에서 사법심사의 한계문제인 재량행위와 구별된다.
6. 대통령선거, 지방의회의원에 대한 징계의결 등은 사법심사가 가능하여 통치행위성이 인정되지 않는다.

〈판례〉

(1) 통치행위에 해당하는 경우
  ① "대통령의 계엄선포행위는 고도의 정치적·군사적 성격을 지니고 있는 행위로서 그것이 누구나 일견 헌법이나 법률에 위반되는 것이 명백하게 인정될 수 있는 것이라면 몰라도 그렇지 아니한 이상 당연무효라고 단정할 수 없다……. 계엄선포의 당·부당을 판단할 권한과 같은 것은 오로지 정치기관인 국회에만 있다(대재 1964. 7. 21, 64초4)."
  ② 남북정상회담의 개최는 고도의 정치적 성격을 지니고 있는 행위라 할 것이므로 특별한 사정이 없는 한 그 당부를 심판하는 것은 사법권의 내재적·본질적 한계를 넘어서는 것이 되어 적절하지 못하지만….
  ③ "헌법재판소는 최근에 이라크파병(자이툰부대파견)결정위헌확인사건에서 대통령이나 국회의 고도의 정치적 결단에 대해서는 <u>사법심사를 자제해야</u> 한다는 이른바 '통치행위이론'을 인정하여, 이라크파병결정은 헌법소원의 대상이 되지 않는다고 부적법각하한 바 있다."
  ④ 대통령의 사면권은 고도의 정치적 결단에 의하여 발동되는 행위이고 그 결단은 존중되어야 할 필요성이 있는 행위라는 의미에서 이른바 통치행위에 속한다고 볼 수 있고 이러한 대통령의 사면권은 사법심사의 대상이 되지 않는다고 할 것이다(서울행정법원 2000.2.2, 99구24405).

제2장 : 행정법

제1절 행정법의 의의

최근 행정법이론의 경향은 행정소송에서의 원고적격의 확대, 국가배상소송에서의 위험책임론의 확장, 정보공개 및 행정절차의 통제의 확대, 행정재량및 판단여지의 통제의 확대 등을 들 수 있다.

제2절 행정법의 성립과 유형

1. 독일행정법은 행정주체의 우월성이 인정되는 공권력을 중심으로 행정법이 발달하였다. 이에 반해 공역무개념, 공법상 계약은 프랑스행정법의중심작용이다.
2. 영·미 행정법은 제2차 대전 후가 되어어야 대륙법계의 실체법 중심과는달리 행정절차, 행정정보공개 등 <u>절차법을 중심</u>으로 발전하였다.
3. 우리 헌법은 행정소송을 포함한 모든 법률적 쟁송을 행정법원이 담당한다는 점에서 <u>영미법계의 사법국가주의</u>을 취하고 있다.
4. 행정소송은 3심제, 특허소송은 2심제를 채택하고 있다.

제3절 법치행정의 원리(행정의 법률적합성의 원칙)

1. 형식적 법치주의는 행정부에 대한 입법부의 우위를 뜻하나, 실질적 법치주의는 <u>입법부</u>에 대한 사법부의 우위를 뜻한다.
2. □ 법률우위의 원칙과 법률유보의 원칙

	법률의 우위	법률의 유보
개념	모든 행정작용은 법률에 위반되지 않아야 한다는 원칙	일정한 행정작용은 법률의 근거가 있어야 한다는 원칙
성질	법치행정의 소극적 측면	법치행정의 적극적 측면
문제되는 영역	법률이 있는 경우에 문제됨	법률이 없는 경우에 문제됨
적용범위	모든 행정작용에 적용됨	행정의 어느 영역까지 적용할 것인지 학설대립
법률의 의미	성문법, 불문법을 포함한 모든 법을 의미	형식적 의미의 '법률'을 의미, 단 위임명령은 가능

3. □ 법률유보원칙의 적용범위에 관한 학설

구 분	내용	비판
침해행정유보설	침해행정에는 법적근거필요 19세기 자유주의적 법치국가의 법률유보이론이다.	19C 야경국가하에서의 이론, 오늘날 급부국가에서는 문제
신침해유보설	침해행정 + 특별권력관계에도 필요	
급부행정유보설	침해행정 + 급부행정에도 필요	급부행정의 경우 오히려 국민에게 불리할 수도
권력행정유보설	침해, 수익이 아닌 권력행정에 필요	
전부유보설	모든 행정작용에 필요	지나치게 국민주권 및 민주주의를 강조 모든 국가작용을 입법부에 종속시킴으로써 행정부에 대한 입법부의 우위를 가정하여 권력분립의 정신에 반한다고 비판
중요사항유보설 (본질성설)	공동체 기본권관련하여 본질적이고 중요하면 필요- 규범의 강도(밀도)	기준이 불명확

제3장

행정법의 법원

제1절 **개설**

- 행정권의 조직과 작용에 관한 실정법의 존재형식 내지 인식근거를 말한다.
- **성문법원** ; 헌법, 법률(조약 및 일반적으로 승인된 국제법규), 명령(대통령령(시행령), 총리령, 부령(시행규칙)), 조례, 규칙
- **불문법원** ; 관습법, 판례법, 조리, 일반원칙

제2절 **행정법의 성문법원**

- 국제조약은 별도의 입법조치가 없어도 국내법에서 효력을 가지며, 국제조약이 국내법과 충돌될 경우에는 신법우선의 원리, 특별법우선의 원리가 적용되게 된다.
- 위 협정은 국가와 국가 사이의 권리·의무관계를 설정하는 국제협정으로, 그 내용 및 성질에 비추어 이와 관련한 법적 분쟁은 위 WTO 분쟁해결기구에서 해결하는 것이 원칙이고, 사인(사인)에 대하여는 위 협정의 직접 효력이 미치지 아니한다고 보아야 할 것이므로, 위 협정에 따른 회원국 정부의 반덤핑부과처분이 WTO 협정위반이라는 이유만으로 사인이 직접 국내 법원에 회원국 정부를 상대로 그 처분의 취소를 구하는 소를 제기하거나 위 협정위반을 처분의 독립된 취소사유로 주장할 수는 없다 (대법원 2009.1.30. 2008두17936).

제3절 **행정법의 불문법원**

1. 관습법

(1) 의의

- 스스로 발생한 관행(관습)이 오랫동안 반복된 것으로 국민 또는 관계자의 법적 확신을 얻어 법규범으로 인식·승인된 것

(2) 성립요건

① 객관적 요건 − 행정의 관행

② 주관적 요건 − 당사자들의 법적확신

(3) 종류

① 행정선례법

　　− 국세기본법 제18조 제3항, 행정절차법 제4조 제2항 명시적으로
　　　규정

② 민중적 관습법

　　− 입어권, 관개용수리권 등 관습법상상의 유수사용권 등

(4) 효력

① 개폐적 효력설

② <u>보충적 효력설(통설 판례)</u>

　　− **판례** ; 가족의례준칙 제13조의 규정과 배치되는 관습법의 효력
　　　을 인정하는 것은 관습법의 제정법에 대한 열후적·보충적 성격
　　　에 비추어 민법 제1조의 취지에 어긋나는 것이다.

2. 판례법

− 영미법계는 '선례구속성의 원칙'에 따라 판례법의 법원성을 인정.
대륙법계는 판례법의 법원성을 부정하는 입장

− 우리 법원조직법은 상급법원의 법률적·사실적 판단은 <u>'당해 사건'</u>에 관
하여 하급심을 기속하는 효력을 가질 뿐이라고 규정하고 있다(동법 제8조,
민사소송법 제436조 제2항 후단 참조).

− 헌법재판소의 위헌결정은 법원으로서의 성격을 가짐.

3. 조리법(행정법의 일반원칙)

− 법해석의 기본원리로서 성문법·관습법·판례법이 존재하지 아니하는 경
우 최후의 보충적 법원.

제4절 행정법의 일반원칙

제1항 비례의 원칙

1. 행정법상의 비례원칙은 경찰행정 및 질서행정영역에서 생성 발전된 것으로, 국민에게 유리한 급부행정분야에 있어서는 인정되지 않는다.(X)
2. 적합성, 필요성(최소침해의 원칙), 상당성의 원칙(협의 비례원칙)은 단계적 심사구조이다.

제2항 신뢰보호의 원칙

I. 의의

- 신뢰보호의 원칙은 미망인 판결 등 급부행정영역에서 주로 문제되기 시작하여 전 행정영역으로 확대되어 가는 경향을 띠고 있다.
- 한편 영·미법상의 금반언 법리에 뿌리를 두고 있다.

II. 법적 근거

- 오늘날에는 신의칙에서 도출되는 것으로 보는 견해가 통설 판례이다.(X)

III. 신뢰보호의 요건

1. 행정기관의 선행행위(공적 견해표명)
   (1) 학설
     ① 법령, 행정계획, 행정행위, 확약 기타 행정청의 명시적, 묵시적 언동, 적극적 작용이든 소극적 작용이든 모두 포함된다.
     ② 선행조치에는 적법행위뿐만 아니라 **위법한 행위도 포함**. 단 **무효인 행위는 X**(판례)
   (2) 판례
     ① 행정기관의 선행행위를 '명시적 또는 묵시적 공적 견해의 표명'에로 국한시켜, 추상적 질의에 대한 일반적 견해표명은 이러한 공적 견해의 표명으로 볼 수 없다고 한다(대판 2000. 2.

11, 98두2119).

② 행정청의 공적 견해표명이 있었는지 여부는 <u>반드시 형식상</u>
<u>의 권한분배에 구애될 것은 아니고</u> 담당자의 조직상의 지위
와 임무, 구체적인 경위 및 그에 대한 상대방의 신뢰가능성
에 비추어 <u>실질에 의해 판단</u>하여야 한다.

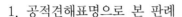

〈판례〉

1. 공적견해표명으로 본 판례
   - 운송면허세의 부과근거이던 지방세법시행령이 1973.10.1 제정되어
     1977.9.20에 폐지될때까지 4년 동안 그 면허세를 부과할 수 있는
     점을 <u>알면서도</u> 피고가 수출확대라는 공익상 필요에서 한 건도 이를
     부과한 일이 없었다면 납세자인 원고는 그것을 믿을 수밖에 없고 그
     로써 비과세의 관행이 이루어졌다고 보아도 무방하다(대판 1980.6.10, 80
     누6).
   - 폐기물처리업에 대하여 관할 관청의 사전 적정통보를 받고 막대한 비
     용을 들여 허가요건을 갖춘 다음 허가신청을 하였음-에도 청소업자
     의 난립으로 효율적인 청소업무의 수행에 지장이 있다는 이유로 한
     불허가처분이 신뢰보호의 원칙에 반하여 재량권을 남용한 위법한 처
     분이다(대법원 1998. 5. 8, 98두4061).

2. 보호할 만한 가치 있는 신뢰(관계인의 귀책사유가 없을 것)
   - 판례는 관계인에게 귀책사유가 없을 때에 신뢰의 보호가치가 인정된
     다고 본다.
   - 이때 귀책사유라 함은 ⓐ 행정청의 견해표명의 하자가 상대방의 사실
     은폐 기타 사위의 방법 등 부정행위에 기인한 것이거나 ⓑ 그러한 부
     정행위가 없다 하더라도 하자가 있음을 알았거나 ⓒ 중대한 과실로
     알지 못한 경우 등을 의미한다.
   - 여기에서 귀책사유의 유무는 상대방과 그로부터 신청행위를 위임받은

수임인 등 관계자 모두를 기준으로 판단하여야 한다(대판 2002. 11. 9, 2001두1512).

3. 신뢰에 따른 관계인의 처리
4. 인과관계
5. 선행행위에 반하는 후행조치

제3항 평등의 원칙 및 행정의 자기구속의 법리

I. 평등원칙

평등의 원칙은 위법한 행정작용에 있어서는 적용되지 않는다(불법의 평등은 인정될 수 없다).

II. 행정의 자기구속의 법리

1. 의의
2. 다른 개념과의 구별
   - 행정이 법률에 구속되는 것(타자구속)과 구별된다.
3. 법리등장의 배경 및 기능
   - 행정의 <u>재량권 행사</u>에 대한 사후적 사법<u>통제를 확대하기 위함이다.</u>
   - 행정을 탄력적인 운용의 저해와 행정활동의 경직성을 초래하는 등의 문제점이 있다.
4. 행정의 자기구속의 근거
   - 행정의 자기구속의 근거를 신뢰보호의 원칙 내지 신의칙에서 찾는 견해도 있으나, 평등원칙에서 구하는 것이 학설·판례의 일반적 경향이다.
5. 적용요건
   (1) <u>재량행위</u>의 영역일 것
       - 기속행위 영역에서는 인정 X

(2) **동종의 사안일 것**

(3) **선례가 존재할 것**

　　– 선례 없이도 자기구속의 법리를 인정하면 재량준칙의
　　　법규성을 인정하는 결과가 되므로 선례가 있어야 된다는
　　　입장(다수설).

제4항 부당결부금지의 원칙

I. 의의

II. 근거

　– 헌법상의 원칙(다수설)이 아닌 법률상의 원칙에 그친다고 보는 견해
　　(소수설)도 있다.

III. 요건

IV. 적용범위

1. 부관(주로 조건 내지 부담)에 적용된다.

2. 공법상 계약을 체결함에 있어서 반대급부를 결부시키는 경우에 적
　용된다.

3. 행정상의 의무이행강제수단(공급거부/관허사업의 제한)에 적용된다.

V. 위반의 효과 ⇨ 위법

　– 이륜자동차를 음주운전한 사유만으로 제1종 대형면허나 보통면허의
　　취소·정지를 할 수 없다는 판례(대법원 1992.9.22. 선고 91누8289 판결【자
　　동차운전면허취소처분취소】)는 부당결부금지원칙 위반과 관련한 것이
　　다.(0)

　– 제1종 보통면허로 운전할 수 있는 차량을 음주운전한 경우에 이와
　　관련된 면허인 제1종 대형면허와 원동기장치자전거면허까지 취소할
　　수 있다(대판 1994.11.25., 94누9672).

제5절 **행정법관계의 내용**

I. 개설

II. 국가적 공권 종류

경찰권, 규제권, 공기업특권, <u>**공용부담권**</u>, 조세권, 공물관리권, 재정권, 군정권 등

III. 개인적 공권

1. 개인적 공권의 성립요건
   - 뷜러(Bühler)의 공권성립의 3요소론
     ① 강행법규의 존재
     ② 사익보호성
     ③ 소구가능성(의사관철력)의 존재(현재는 요건으로 인정 안됨)

2. 개인적 공권의 특수성과 한계
   (1) 특수성
   ① 이전성의 제한
     - 공권은 보통 공익적 견지에서 인정된 것으로 일신전속성을 가지는 경우가 많다.
     - 양도, 상속 등 타인에게의 이전이 부인되는 경우가 많다(공무원연금법의 연금청구권, 국가배상법 제4조(생명, 신체의 침해)의 손해배상청구권, 국민기초생활보장법의 급여를 받을 권리 등의 양도금지).
     - 그러나 공권 중에도 주로 채권적·경제적 가치를 내용으로 하는 것은 이전이 인정됨이 보통이다(손실보상청구권, 공무원의 여비청구권 등).
   ② 포기성의 제한
     - 공권은 보통 공익적 견지에서 인정된 것으로 법규에 특별한 규정이 있는 경우를 제외하고는 포기할 수 없음이

원칙이다(소권, 선거권, 봉급청구권, 연금청구권 등).

- 그러나 그 권리가 주로 경제적 가치를 내용으로 하고, 그 포기가 공익에 현저한 영향이 없는 것일 때에는 포기가 인정된다(손실보상청구권, 공무원의 여비청구권, 국회의원의 세비청구권 등).

③ **비대체성** : 그 일신전속적 성질로 인하여 타인에의 대리·위임이 제한되는 경우가 많다(투표권·선거권·응시권 등의 대리·위임 금지).

④ **시효제도의 특성** : 공권의 소멸시효는 사권에 비해 단기인 것이 보통이며, 공법상의 금전채권은 소멸시효기간이 <u>5년</u>이다(국가재정법 제96조, 지방재정법 제69조).

3. 개인적 공권의 보호·확대

(1) 법률상 이익의 확대화 경향

- 공물의 일반사용으로 인한 이익이 언제나 반사적 이익이라고 말할 수만은 없다.(0)

- 도로에 접한 주민의 도로사용은 일반인에 비해 보다 강화된 권리로서 인정되어야 한다.

- 현대국가에서 공권개념의 확장은 행정개입청구권, 무하자재량행사청구권, 반사적 이익의 보호이익화, 절차적 권리 등으로 나타나고 있다.

- 종래 행정법규가 재량규범인 경우에는 공권이 성립되지 않는다고 보았으나, 최근에는 재량권의 한계이론의 발달로 무하자재량행사청구권을 인정하게 되었고 나아가 재량권이 0으로 수축되어 기속행위가 되는 때에는 행정개입청구권 등이 성립되어 재량규범에서도 공권이 성립될 수 있다고 본다.

(2) 무하자재량행사청구권과 행정개입청구권

구분	무하자재량행사청구권	행정개입청구권
의의	하자없는 재령권의 행사를 청구하는 권리	행정행위발급청구권(자기에게) 협의행정개입청구권(제3자에게)
내용	하자없는 어떠한 처분	특정한 처분
인정여부	긍정설이 다수설	긍정설이 다수설
법적 성질	적극적 권리 형식적 또는 절차적 공권	적극적권리 실체적 공권
요건	강행법규성(하자없는 재량권 행사의무) 사익보호성	강행법규성(개입의무) 사익보호성
적용영역	재량행위(기속재량, 선택재량 모두 인정(다수설))	재량행위, 기속행위
관련이론	재량의 한계이론	재량의 영으로의 수축이론

IV. 공의무

- 공의무는 원칙적으로 법령 또는 법령에 의거한 행정행위에 의하여 발생된다.
- 공법상 계약에 의해서도 발생할 수 있다.
- 일신전속적 성질을 가진 공의무의 경우 공권과 마찬가지로 **이전·포기가 제한**된다.
- 다만, 금전 기타 경제적 가치의 급부를 내용으로 하는 공의무인 때에는 이전이 인정된다(납세의무 기타 공법상 금전급부의무에 관한 상속인의 승계)

V. 공권·공의무의 승계

- 일신전속적인 권리·의무는 양수인에게 승계되지 않는다고 보아야 한다.
- 명문규정으로 생명·신체의 침해로 인한 국가배상을 받을 권리의 양도를 금지하는 국가배상법 제4조 등이 있다.

제2편 행정작용법

제1장 | 행정입법

제1절 개설

1. 행정입법의 의의 — 행정권이 법조의 형식으로 **일반적·추상적 규범**을 정립하는 작용이다.
2. 법규명령과 행정규칙의 구별

	법규명령	행정규칙
의의	법규성이 있는 행정입법	법규성이 없는 행정입법
종류	대통령령, 총리령, 부령 등 위임명령·집행명령	재량준칙, 규범해석규칙 등 훈령, 예규, 지침, 고시 등
법규성	있음	없음
성격	타율적 행정입법	자율적 행정입법
제정근거 (법률유보)	법령상의 수권 위임명령-명시적수권 요/ 새로운 입법사항 제정 가능 집행명령-명시적수권 불요/ 새로운 입법사항 규정 불가	수권이 없어도 가능, 행정권의 고유한 권능
법률우위	적용	적용
절차	법제처 심사, 국무회의 심의(대통령령), 행정절차법상 입법예고	특별한 절차규정이 없다
공포	요함	불요
효과의 성질	외부적 구속효(행정과 국민 모두 구속) 양면적 구속력	내부적구속효(수명자만 구속) 일면적 구속력
재판규범성	인정	부정
위반의 효과	위법	바로 위법은 아님. 단, 징계책임은 가능
법형식	조문의 형식 (원칙) 헌법 제75·95조 등 헌법이 예정한 대통령령·총리령·부령 형식	조문의 형식, 구두로도 가능(원칙) 사무관리규정이 예정한 고시·훈령 등의 형식

	(예외) 행정규제기본법 제4조 제2항 단서에 근거한 고시 등 형식	
통제	입법적 통제- 동의권유보등 직접적 통제 미비/ 간접적 통제(탄핵소추, 국정감사 등) 행정적 통제 사법적 통제(구체적 규범통제/ 항고소송 X, 단 처분적 명령은 가능)	입법적 통제 – 간접적 통제 행정적 통제 사법적 통제 – 구체적 규범통제 대상 x
소멸	폐지, 종기도래, 근거법령의 소멸 등	비교적 자유롭다.
공통점	일반적 추상적 규율, 원칙적 처분성 부정 내부적 구속효 둘다 인정	

제2절 법규명령

1. 법규명령의 의의와 성질
2. 법규명령의 유형
   - 헌법 이외의 법률에 의한 법규명령을 인정할 수 있다는 것에 대해서는 이론이 없다.(X)
   - 법률보다 하위의 효력을 가진 명령으로서, 기능상 위임명령과 집행명령으로 나눈다.

〈 위임명령과 집행명령의 비교 〉

구 분	위임명령	집행명령
의의	법률 또는 상위법령에 의하여 구체적으로 범위를 정하여 위임된 사항에 관하여 발하는 명령	상위법령의 범위 내에서 그 시행에 관한 세부적·기술적 사항을 규율하기 위하여 발하는 법규명령
근 거	상위법령의 명시적 수권이 필요	상위법령의 명시적 수권 없이도 가능
규율대상	위임받은 범위 내에서는 국민의 권리·의무에 관한 새로운 법률사항(입법사항)에 관하여도 규율할 수 있다.	국민의 권리·의무에 관한 새로운 법률사항을 규정할 수는 없다
공통점	• 법규명령(법률종속명령) • 법규성 인정 • 법조형식·공포를 요함 • 일반적으로 위임명령과 집행명령은 하나의 명령에 함께 제정	

제3절 **행정규칙**

1. 의의

(1) 개념

- 행정기관이 법률의 수권 없이 그의 권한의 범위 내에서 정립하는
  일반적·추상적인 규율이다.

(2) 법규명령과의 구별(법규명령 참조)

2. 행정규칙의 법적 성질

대법원 및 헌법재판소는 원칙적으로 행정규칙의 외부법으로서의 법규성을
부인한다.

① 원칙적인 판례의 입장

- 행정규칙의 법규성을 부인한다.

  ㉠ 서울특별시 상수도손괴 원인자부담 처리지침(대판 1993.4.23, 92누
  7535).

  ㉡ 서울특별시 개인택시 운송사업 면허업무처리요령(대판 1997.9. 26, 97
  누8878).

  ㉢ 서울특별시 철거민에 대한 시영아파트 특별 분양 개선지침
  (대판 89.12.26, 87누1214).

② 예외적인 판례의 입장

  ㉠ 이른바 행정규칙형식의 법규명령(법령보충규칙)의 경우

  ⓐ 훈령형식으로 제정된 경우

  - 국세청장훈령인 '재산제세 사무처리규정': 소득세법시행령의
    위임에 의하여 국세청장이 제정한 것으로 과세의 법령상 근
    거가 되는 법규명령으로서의 효력을 갖는다고 최초로 판시함
    (대판 1987. 9. 29, 86누484).

  - 국무총리훈령인 '개별토지가격합동조사지침' : 집행명령으로서

법률보충적인 구실을 하는 법규적 성질을 가지고 있는 것이라고 판시함(대판 1994. 2. 8, 93누111).

ⓑ 고시형식으로 제정된 경우

   – '액화석유가스판매업허가처리기준에관한고시'사건(대판 1991. 4. 23, 90누6460).

3. 행정규칙의 종류

(1) 내용에 따른 분류

① 규범해석규칙

   – 상급기관이 하급기관의 법령해석을 통일시키기 위하여 발하는 행정규칙

   – 요건의 불확정개념의 적용에 있어서 그 해석이나 적용방향을 정하기 위해 발령

② 재량준칙

   – 상급기관이 하급기관의 재량권 행사에 관한 기준을 정하는 행정규칙

〈판례〉

행정규칙이 법령의 규정에 의하여 행정관청에 법령의 구체적 내용을 보충할 권한을 부여한 경우, 또는 재량권행사의 준칙인 규칙이 그 정한 바에 따라 되풀이 시행되어 행정관행이 이룩되게 되면, **평등의 원칙이나 신뢰보호의 원칙에 따라 행정기관은 그 상대방에 대한 관계에서 그 규칙에 따라야할 자기구속을 당하게 되고, 그러한 경우에는 대외적인 구속력을 가지게 된다** 할 것이다(헌재 1990. 9. 3, 90헌마13).

(2) 형식에 따른 분류

실정법상 행정규칙은 통상 고시와 훈령으로 발령된다. 그런데 훈령은 다시 좁은 의미의 훈령·지시·예규·일일명령으로 세분된다.

① 훈령(광의)

　　(가) 훈령(협의)

　　　　상급기관이 장기간에 걸쳐 하급기관의 권한행사를 지휘·감독하기 위하여 발하는 행정규칙(나) 지시

　　　　상급기관이 직권 또는 하급기관의 문의나 신청에 대하여 개별적·구체적으로 발하는 명령(다) 일일명령

　　　　당직·출장·휴가·특근 등의 일일업무에 관한 명령, 일반적·추상적 규율을 행하는 것이 아닐 때에는 단순한 직무명령에 해당

　　(나) 예규

　　　　법규문서 이외의 문서로서 반복적 행정사무의 기준을 제시하는 명령

② 고시

　　― 원칙적으로 행정규칙의 성질을 갖는다.

　　― 다만 예외적으로 상위법령에 근거하여 발하여지고, 상위법령과 결합하여 법규명령으로서의 효력을 가지는 경우도 있다(통설, 판례).

　　― 법규명령적 고시가 집행행위의 매개없이 직접 국민의 권리 의무에 영향을 미치는 경우(처분적 고시)는 항고소송의 대상이 되는 경우도 있다.

제2장　행정행위

제1절 행정행위의 의의

I. 개설

　　― 행정행위의 개념은 실정법상의 것이 아니라 학문상의 개념으로서 행정재판제도를 가진 독일·프랑스 등 대륙법계 국가에서 형성되었다.

II. 행정행위의 개념

1. 행정행위의 개념

- 통설은 행정행위를 '행정청이 법 아래에서 구체적 사실에 대한 법집행으로서 행하는 권력적 단독행위인 공법행위'로 이해한다(최협의설, 통설·판례).

2. 행정행위의 개념요소

(1) 행정청의 행위

① 법규정

- 행정절차법 등은 행정청을 '행정에 관한 의사를 결정하여 표시하는 국가 또는 지방자치단체의 기관 기타 법령 또는 자치법규에 의하여 행정권한을 가지고 있거나 위임 또는 위탁을 받은 공공단체나 그 기관 또는 사인'으로 정의

② 행정청의 범위

(가) 조직법상의 행정청인 국가나 지방자치단체의 행정기관뿐만 아니라 공사 기타 공법인이나 공무수탁사인이라도 국가로부터 행정권을 부여받은 범위 안에서 행정청에 포함된다.

(나) 행정청은 단독기관(행정안전부장관, 병무청장 등)임이 보통이나 합의제기관(토지수용위원회)도 행정청이 될 수 있다.

(다) 국회나 법원의 기관도 행정청의 기능을 하는 경우도 있다(예; 공무원의 임명 등).

(라) 자동장치에 의한 행정자동결정(교통신호)은 행정행위의 일종이 된다.

(2) 공법적 행위

- 행정청의 법적 행위라도 물자구매 등의 **국고행위**나 영리활동 또는 공적 임무를 수행하기 위한 **사법상 계약** 등은 행정행위가 아니다.

(3) 외부에 대한 직접적 법효과를 가져오는 법적 규율행위

　① 법적 규율행위

　　- 법적 효과를 발생시키지 않는 단순한 조사·사실행위와는 구별된다.

　② 외부에 대한 직접적인 법적 효과

　　- **행정조직 내부의** 행위는 그것이 설사 법적인 규율행위라 하더라도 행정행위가 아니다.

　　- 특별권력관계에 있어서의 그 구성원의 지위에 관련된 일정한 행위에 대해서는 행정행위성이 인정된다.

(4) 구체적 사실에 대한 규율행위

규율대상 / 관련자	구체적 규율	추상적 규율
개별적	행정행위(개별처분) : 가장 기본적인 형태의 행정행위	행정행위 : 특정인에 대해 장래의 불특정 사건을 규율하기 위하여 일정한 조치를 취하도록 하는 것 (甲에게 눈이 올 때마다 집앞을 쓸것을 명)
일반적	행정행위(<u>일반처분)</u> : 행정청이 불특정 다수인(일반인)에 대해 특정사안을 규율하는 경우	<u>입법(법정립작용)</u> : 행정행위 X

(5) 권력적 단독행위(고권적 행위)

　　- 일방적으로 행하는 '권력적 단독행위'이므로 공법상 계약 또는 공법상 합동행위와 구별 - 법률관계의 내용이 일방적으로 결정되는 한에 있어서는 그 성립에 있어 상대방의 동의나 신청 등의 협력이 필요한 경우도 행정행위

　　- 행정행위의 신청이 있는 경우 그것을 거부하는 행정작용(거부처분)도 행정행위

행정행위의 종류

I. 행정주체에 따른 분류

II. 행정행위의 내용에 따른 분류(의사표시의 유무에 따른 분류)

III. 법률효과의 성질에 따른 분류

1. 수익적 행정행위

2. 부담적 행정행위(침익적 행정행위)

3. 복효적 행정행위(이중효 행정행위·제3자효 행정행위)

(1) 의의

① 혼효적 행정행위

– 하나의 행정행위가 동일인에게 수익적 효과와 부담적 효과가 함께 발생하는 행위

② 제3자효 행정행위

– 한 사람에게는 수익적 효과가 발생하고 다른 사람에게는 부담적 효과가 발생되는 경우

– 특히 문제가 되는 것은 제3자효적 행정행위이다.

③ 특색

취소소송에 있어서 소익의 확대화 경향에 따라 원고적격이 부정되었던 제3자 또는 주민에게 소익이 널리 인정되면서 논의되어졌다.

④ 논의영역

복효적 행정행위는 주로 환경법, 건축법, 영업허가법, 소비자보호법 등에서 문제된다.

IV. 행정행위의 대상에 따른 분류

1. 대인적 행정행위

(1) 사람의 지식·기능·경험과 같은 개인적 사정에 착안하여 행하여지

는 행정행위

(2) 예컨대, 자동차운전면허, 의사면허, 인간문화재 지정 등이 있다.

(3) 대인적 행정행위의 효과는 일신전속적이기 때문에 이전할 수 없다.

2. 대물적 행정행위

(1) 물건의 객관적 사정에 착안하여 직접 물건에 대하여 법률상의 자격을 부여하며, 그에 대해 새로운 권리관계나 법률관계를 형성하는 행정행위이다.

(2) 예컨대, 공물의 공용개시, 국립공원의 지정, 건축물 준공검사, 건축허가, 자동차검사증교부 등이 있다.

3. 혼합적 행정행위

(1) 인적인 자격요건 이외에 물적 요건 등 양쪽 요소를 아울러 정하고 있는 경우의 행정행위를 말한다.

(2) 예컨대, 총포·화약류영업허가, 석유·가스사업허가, 약국영업허가 등이 있다.

(3) 이전성이 제한되는 것이 보통이다.

V. 상대방의 협력을 요건으로 하느냐의 여부에 따른 분류

1. 일방적 행정행위(협력을 요하지 않는 행정행위)

2. 쌍방적 행정행위(협력을 요하는 행정행위)

상대방의 신청·동의·출원 등에 기하여 행해지는 행정행위를 말한다.

VI. 행정주체에게 재량이 있느냐의 여부(법규에의 구속 정도)에 따른 분류

1. 기속행위와 재량행위의 구별

(1) 개념

① 기속행위

② 재량행위

- '결정재량': 관계법규상 행정청이 당해 행위를 할 것인가 말

것인가의 여부에 관한 재량 '선택재량': 법규가 허용한 여러 조치 중에서 어떠한 것을 할 것인지 여부에 관한 재량.

(2) 기속재량·자유재량

〈판례〉

재량권의 남용이나 재량권의 일탈의 경우에는 그 재량권이 기속재량이거나 자유재량이거나를 막론하고 사법심사의 대상이 된다(대판 1991.2.12, 90누5825).

2. 재량권의 한계 – 재량의 하자

(1) 의의
- 재량의 행사가 목적과 한계를 벗어나면 재량하자가 있는 것이 되고, 위법한 것이 되어 사법심사의 대상이 된다(행정소송법 제27조).

(2) 유형
① 재량권의 일탈(외적 한계·유월, 법규상 한계)
- 법률의 외적 한계를 넘어 재량권을 행사하는 것
② 재량권의 남용(내적 한계)
- 비례원칙, 평등의 원칙 등 재량권의 내적 한계를 넘어 재량권을 행사하는 것
- 예컨대 수권목적의 위반, 동기의 부정, 사실의 오인, 비례원칙, 평등원칙 등 행정법의 일반원리 위반 등.
③ 재량권의 불행사
- 재량은 반드시 행사되어야 하는 의무이며, 이를 행사하지 않으면 즉 재량권의 불행사도 위법한 것이 된다. 이는 재량의 남용의 한 유형으로 보기도 한다.

제3절 행정행위의 내용

I. 법률행위적 행정행위

1. 명령적 행위

- 공공복리 또는 이익을 위하여 개인의 자연적 자유를 제한하거나 그
  제한을 해제하는 행위라는 점에서, 국민의 권리 또는 능력의 발생·
  변경·소멸을 목적으로 하는 형성적 행위와 구별된다.
- 명령적 행위를 위반한 행위는 행정상의 강제집행 또는 행정벌의 대상
  이 될 뿐이고, 그 행위의 법률상의 효력에는 영향을 미치지 않는다.

(1) 하명

　① 의의

　　- 하명이란 일반통치권에 기하여 국민의 자유를 제한하고, 의무
　　　를 부과하는 행정행위이다.
　　- 작위·부작위·수인·급부의무를 명하는 행정행위이다.

　② 근거

　　하명은 부담적 행정행위이므로 법령의 근거를 필요로 한다.

　③ 형식

　　(가) 법규하명 : 행정법규 자체가 국민의 자유를 제한하고, 특정
　　　한 의무를 규정함으로써 직접 법적 효과가 발생되는 경우의
　　　하명이다(건축법에 의한 건축금지).

　　(나) 하명처분 : 근거법규의 집행을 위하여 구체적 처분이 있음으
　　　로써 비로소 현실적으로 하명의 효과가 발생하는 경우의 하
　　　명이다.

　④ 대상 및 상대방

　　(가) 사실행위(도로청소, 교통장해물의 제거 등)일 때도 있고, 법률
　　　행위(무기매매금지,영업양도금지 등)일 때도 있다.

　　(나) 또한 하명의 상대방은 특정인인 경우가 일반적이지만, 불특
　　　정 다수인을 상대로 하는 일반처분도 있을 수 있다(도로통

행금지).

⑤ 효과

(가) 대물적 하명의 경우에는 하명의 대상이 된 물건을 승계한 자에게 그 효과가 승계됨이 보통이다.

(나) 수명자가 의무를 위반하면 행정강제, 행정벌, 새로운 의무이 행확보수단 등이 부과된다. 하명에 위반한 행위 자체의 법률적 효력이 부인되는 것은 아니다.

(2) 허가

① 의의

− 일반적·상대적 금지를 특정한 경우에 해제하여 적법하게 일 정한 사실행위 또는 법률행위를 할 수 있게 하는 행위

〈예외적 승인(허가)〉

(1) 의의

사회적으로 유해한 행위임으로 인하여 일반적(억제적)으로 금지된 행위 를 특정한 경우에 예외적으로 비정형적인 사태의 해결의 필요에 의해 적법하게 할 수 있게 하여 주는 행위

(2) 구체적 예

학교환경위생정화구역 내에서의 여관, 당구장, 사행행위장 등 설치의 승 인(학교보건법 제6조), 개발제한 구역 내에서의 건축허가(개발제한구역 의지정및관리에관한특별조치법 제11조 제1항), 치료목적의 아편사용(마 약류관리에 관한 법률 제3조), 자연공원법 제23조 에 의한 개발허가 등 을 볼 수 있다.

(3) 재량성

허가는 일반적으로 기속행위의 성격을 갖지만, 예외적 허가(예외적 승 인)는 공익목적이 강하므로 일반적으로 재량행위의 성질을 갖는다.

② 성질

　(가) 행정행위

　　하명과 달리 허가는 행정행위로서의 허가만이 있고 법규허가는 없다.

　(나) 재량행위 · 기속행위

　　법문상의 표현이 불명확한 경우에는 원칙적으로 기속행위의 성질을 갖는다.

2. 형성적 행위

상대방에게 일정한 권리 · 능력 또는 포괄적 법률관계 기타의 법률상의 힘을 설정 · 변경 · 소멸시키는 행정행위이다.

(1) 특허(설권행위)

　① 의의

　　– 특정인에 대하여 새로이 일정한 권리 · 능력 또는 포괄적 법률관계를 설정하는 행위이다.

　　– 권리설정행위(협의의 특허) · 능력(권리능력 · 행위능력)설정행위 · 포괄적 법률관계 설정행위이다.

　　– 공권설정(공기업특허 · 공용부담권의 설정), 사권설정(광업허가 · 어업면허), 공법인의 설립행위, 귀화허가 · 공무원임명 등이 있다.

　② 특허의 성질

　　(가) 형성적 행위의 성질을 갖는다.

　　(나) 출원을 요건으로 하는 행정행위(쌍방적 행정행위)로 보는 것이 일반적 견해이다.

　　(다) 보통 재량행위

(2) 인가

　① 의의

　　– 행정객체가 제3자와의 사이에서 하는 법률적 행위를 행정주체가

보충하여 그 법률상 효력을 완성시켜 주는 행정행위이다.

- 공공조합의 설립인가, 재단법인의 정관변경허가, 사업양도의 인가, 사립대학 설립인가, 토지거래허가 등이 있다.

② 당사자의 신청이 있는 경우에만 이루어진다(쌍방적 행정행위). 수정인가는 허용되지 않는다.

③ 대상

인가의 대상은 그 성질상 반드시 법률행위이어야 하며, 사실행위는 제외된다. 법률행위에는 계약도 있고 합동행위도 있다.

공법상의 행위(공공조합의 설립이나 정관변경의 인가)이건 사법상의 행위(토지거래허가, 하천점유권의 양도의 인가)이건 가능하다.

④ 인가의 형식

인가는 언제나 구체적인 처분의 형식으로 이루어진다.

(3) 공법상 대리

① 의의

- 행정주체가 다른 법률관계의 당사자를 대신하여 본인이 한 것과 동일한 법적 효과를 발생케 하는 행정행위이다.
- 법률의 규정에 의거한 것이므로 법정대리에 해당한다.

② 대리행위의 유형

(가) 행정주체가 감독적 견지에서 행하는 경우(공공단체의 임원임명, 공법인의 정관작성)

(나) 일반행정행위의 실효성을 도모하기 위한 경우(조세체납처분절차에서 행하는 압류재산의 공매처분)

(다) 당사자 사이에 협의불성립의 경우에 조정적 견지에서 행하는 경우(토지수용위원회의 재결)

II. 준법률행위적 행정행위

- 행정주체의 의사표시 이외의 정신작용(관념의 표시, 판단의 표시)을 요소로 하고, 그 법적 효과는 행정청의 의사와 관계없이 법이 정한 바에

따라 발생하는 행정행위이다.

1. 확인

(1) 의의
- 특정한 사실 또는 법률관계의 존부 또는 정부(正否)에 관하여 의문이 있거나 다툼이 있는 경우 행정청이 공권적으로 판단하는 행위이다.
- 재결(행정심판의 재결)·결정(당선인결정·시험합격자결정)·조사·인정·특허(발명의 특허) 등이 있다.

(2) 성질
① 준사법적 행위이다,　　② 성질상 기속행위이다.

2. 공증

(1) 의의
- <u>의문이나 다툼이 없는</u> 특정한 사실 또는 법률관계의 존재를 공적으로 증명하는 행위이다.
- 선거인명부·부동산등기부에 등록, 각종의 증명서·감찰·면장 등의 교부 등이 있다.
- **공증은 인식**의 표시행위라는 점에서, **판단**의 표시행위인 확인과 구별된다.

(2) 성질
① 준법률행위적 행정행위
② 기속행위·요식행위
- 성질상 기속행위이다.
- 그 성질상 일정한 형식이 요구되는 요식행위임이 원칙이다.

3. 통지

(1) 의의
- 특정인 또는 불특정 다수인에게 일정한 사실을 알리는 행정행위이다.

- 준법률행위적 행정행위로서의 통지는 법적 효과를 가져오는 것
만을 의미한다.
- 특정사실의 통지가 아무런 법적 효과를 발생하지 않은 사실행위
로서의 통지행위(예: 당연퇴직의 통보)와는 구별된다. 또한 이미
성립된 행정행위의 효력발생요건인 통지와도 구별된다.
(2) 종류
① 통지에는 특정한 사실에 관한 '관념'을 알리는 행위이다(특허출원
의 공고, 귀화고시, 토지수용에 있어서의 사업인정의 고시).
② 행위자의 '의사'를 알리는 행위이다(대집행의 계고, 대집행영장 통
지, 납세독촉).
(3) 성질
- 준법률행위적 행정행위로서의 통지도 행정심판법과 행정소송법상
처분에 해당한다.

4. 수리

(1) 의의
- 타인의 행정청에 대한 행위를 유효한 것으로서 받아들이는 행위
를 말한다.
- 자족적 공법행위로서의 신고의 경우는 여기서의 수리가 아니라
단순한 사실행위에 지나지 않는다.
(2) 성질
- 수리는 그 자체가 하나의 독립적인 행정행위를 말하며, 단순한
사실인 도달이나 사실행위인 접수와는 다르다.
(3) 종류
혼인신고의 수리, 사직서의 수리, 공직선거에 있어서의 입후보자등
록의 수리, 행정심판청구서의 수리가 있다.

I. 부관의 의의

1. 개념

2. 부관과 구별해야 할 개념

(1) 법정부관

① 의의

- 행정행위의 효과의 제한이 직접 법규에 의하여 정해지게 되는 것이다.

- 예: 자동차관리법시행규칙상의 자동차검사증의 유효기간, 광업법상의 광업권의 존속기간

② 성질

(가) 행정행위의 부관은 행정청에 의해 부가되는 것을 말하므로 법정부관은 여기서 말하는 부관이 아니라 법규 그 자체이다.

(나) 법정부관은 부관의 한계에 관한 일반적인 원칙이 적용되지 않는다.

(다) 오히려 법규명령의 근거와 한계 법리가 그대로 적용된다.

(라) 법정부관 그 자체에 하자가 있는 경우 위헌법률심사 또는 명령규칙심사에 의해 통제된다.

(2) 행정행위 자체의 내용상 제한

행정행위의 부관은 주된 행정행위에 대한 부가적인 규율이므로 행정행위 일부의 내용 그 자체를 재차 규정하는 행정행위의 내용상 제한은 부관이 아니다(2종 운전면허는 2종만 운전하라는 허가로서 내용상의 제한에 해당한다).

II. 행정행위의 부관의 종류

1. 조건

(1) 의의

행정행위의 효과의 발생 또는 소멸을 **불확실한 장래의 사실**에 의존시키는 행정행위의 부관을 말한다.

(2) 조건의 분류

① **정**지조건

조건의 성취에 의존하여 행정행위의 효과가 **발**생하게 되는 경우이다.

② **해**제조건

조건의 성취에 의존하여 행정행위의 효과가 **소**멸되게 하는 경우이다.

2. 기한

(1) 의의

행정행위의 효력의 발생 또는 소멸을 장래 도래가 **확실한 사실**의 발생에 의존케 하는 행정행위의 부관이다.

(2) 기한의 분류

① 시기(몇년 몇월 몇일부터 도로점용허가)·종기(몇년 몇월 몇일까지 영협허가)

② 확정기한(80세까지 지급한다)·**불확정기한**(사망시까지 연금을 지급한다)

③ 불확정기한도 조건이 아닌 기한에 해당한다.

(3) 기한의 갱신

(가) 그 내용상 장기계속성이 예정되는 행정행위에 부당하게 짧은

기한(종기)이 붙여진 경우 그것은 행정행위의 효력의 존속기간이 아니라, 행정행위의 내용의 갱신기간 즉 조건의 존속기간(기한이 붙었으면 3년마다 그동안의 사회변천에 맞추어 내용을 바꾸는)으로 보아야 하는 경우도 적지 않다(대판 1995. 11. 10, 94누11866).

3. 부담

(1) 의의

행정행위의 주된 내용에 부가하여 그 행정행위의 상대방에게 작위·부작위·수인·급부 등의 의무를 과하는 행정행위의 부관이다.

(2) 조건과의 구별

① 구별실익

- 부담부 행정행위는 처음부터 효력이 발생한다.

  정지조건은 조건성취로 인하여 비로소 효력이 발생한다는 점이 다르다.
- 부담부 행정행위는 부담을 이행하지 않았더라도 당연히 효력이 소멸되는 것이 아니고 철회하여야 비로소 효력이 소멸한다.

  해제조건은 조건성취로 인하여 당연히 소멸한다는 점이 다르다.
- 부담은 독립하여 강제집행의 대상이 된다.

  조건은 의무를 부과하지 않기 때문에 강제집행의 대상이 되지 않는다는 점이 다르다.
- 부담은 부담만의 독립쟁송 및 취소가 가능하다.

  정지조건은 독립하여 취소소송의 대상이 되지 못하며 부관부 행정행위 자체가 취소소송의 대상이 된다는 점이 다르다.

② 양자의 구별기준

(가) 제1차적 기준

각 부관에 표현된 행정청의 객관화된 법효과 의사가 양자를 구별하는 제1차적 기준이다.

(나) 제2차적 기준(한계상황의 경우)

　　조건인가 부담인가 명백하지 않을 때에는 부담이 상대방에게 유리하므로 <u>부담으로 추정한다.</u>

(3) 부담의 특성

① 부담은 다른 부관과 달리 그 자체가 하나의 독립된 행정행위

② 부담은 그의 존속이 본체인 행정행위에 의존하는 것이기 때문에, 본체인 행정행위가 효력을 발생할 수 없을 때에는 그 부담은 당연히 효력을 상실한다(부담의 부종성).

③ 부담은 그 자체로서 행정쟁송 및 행정강제의 대상이 된다.

④ 사후부담이나 부담의 사후변경도 일정한 경우 가능하다(판례).

(4) 부담의 불이행

① 부담은 다른 부관과는 달리 주된 행정행위의 효력발생이나 소멸과 관련되는 것이 아니기 때문에 부담이 부가되어도 주된 행정행위의 효력은 처음부터 유효하게 발생하고, 부담의 불이행이 있다 하여도 당연히 주된 행정행위의 효력이 소멸되는 것이 아니다.

② 행정청은 그 불이행을 이유로 본체인 행정행위를 철회할 수 있고(다수설·판례.),

③ 그 불이행을 이유로 그 후의 단계적 조치를 거부하는 것도 가능하다(건축허가시 붙인 부담의 불이행을 이유로 그 후의 준공검사를 하지 않은 경우).

④ 행정강제·행정벌의 대상으로 할 수도 있다.

4. 철회권의 유보

(1) 의의

(2) 철회권 행사의 제한

① 철회사유는 구체적이어야 하며, 그것이 유보되어 있어도 행정청은 자유로이 철회할 수 있는 것은 아니고 일정한 조리상의 제한

을 받는다(다수설 판례)

② 철회권의 유보는 상대방에게 사후에 철회의 가능성이 있음을 알
려 보호가치 있는 신뢰가 부정되게 함으로써 신뢰보호를 주장할
수 없게 된다는 점에 그 의의가 있다.

③ 판례는 철회사유가 법령에 명시되어 있는 경우에도 그 이외의
사유를 들어서도 철회권을 행사할 수 있다고 보았다.

〈판례〉

취소권의 유보의 경우에 있어서도 무조건으로 취소권을 행사할 수 있는 것
이 아니고 취소를 필요로 할 만한 공익상의 필요가 있는 때에 한하여 취소권
을 행사할 수 있는 것이다(대판 1968. 2. 22, 60누42).

5. 부담유보(사정변경의 유보, 부담의 추가·변경, 보충권의 유보)

- 행정행위를 하면서 사후적으로 부담을 설정·변경·보완할 수 있는
권리를 유보한 경우의 부관이다.
- 사후변경이 있더라도 상대방은 원칙적으로 신뢰보호를 주장할 수 없
고 손실보상을 청구할 수도 없다.

6. 수정부담

(1) 의의

- 행정행위에 부가하여 새로운 의무를 부과하는 것이 아니라, 행정
행위의 상대방이 신청한 것과는 다르게 행정행위의 내용을 정하
는 부관이다.
- 3층 주택 건축허가신청에 대해 2층 주택의 허가를 하는 경우

(2) 내용

수정부담은 신청이 거부되고 신청과는 다른 내용의 행정행위를 한
것이므로, 변경허가(수정허가)라고 해야 정확한 표현으로 본다.

7. 법률효과의 일부배제

(1) 의의

- 행정행위의 주된 내용에 부가하여 법령에서 일반적으로 그 행위에 부여하고 있는 법률효과의 일부의 발생을 배제시키는 행정행위의 부관이다.
- 예컨대, 택시영업허가를 하면서 격일제 운행을 부관으로 정하는 것

(2) 법적 근거

법령이 부여한 효과를 배제하는 것이므로 <u>반드시 법령에 근거가 있을 때만 가능하다.</u>

(3) 법적 성질

행정행위의 효과의 내용적 제한으로 보아야 한다는 견해도 있으나, 전통적인 견해는 법률효과의 일부배제를 부관의 하나로 본다.

제5절 행정행위의 흠(하자)

I. 행정행위의 하자

1. 하자의 의의

- 행정행위가 법정요건인 성립요건·효력요건을 결여하거나(위법행위), 공익에 반하는 경우(부당행위)를 들 수 있다.

(1) 행정행위의 하자의 유형

① 위법과 부당

(가) 위법

위법한 행정행위에 대해서는 행정쟁송, 국가배상 등이 가능하다.

(나) 부당

부당한 행정행위에 대해서는 행정소송은 불가하고, 행정심판 또는 직권취소가 가능할 뿐이다.

② 부존재, 무효, 취소가 있다.

(2) 하자유무판단의 기준시

행정행위가 적법한 것인가 또는 위법한 것인가의 여부는 원칙적으로 행정결정이 최종적으로 이루어지는 시점(처분시)의 법적 상황과 사실상태에 따라 판단한다.

2. 무효와 부존재의 구별

- 행정행위의 무효는 행정행위가 외관상으로는 존재하나 그 법률효과가 발생하지 아니하는 것인데 대하여, 행정행위의 부존재는 행정행위라고 볼 수 있는 외관상의 존재 그 자체가 성립하지 못한 경우를 말한다.
- 구별실익에 대해서는 견해가 대립한다.

II. 하자 있는 행정행위의 치유와 전환

1. 흠 있는 행정행위의 치유

(1) 의의

행정행위가 성립 당시에 적법요건을 결하여 위법한 경우라 하더라도 사후에 그 요건이 보완되거나 그 흠이 취소하여야 할 필요가 없을 정도로 경미해진 경우 <u>성립 당시의 하자에 불구하고 하자 없는 적법한 행위로 그 효력을 유지</u>시켜 종전의 하자를 이유로 행정행위의 효력을 다툴 수 없게 되는 것이다.

(2) 인정범위

① 통설·판례는 흠 있는 행정행위의 치유는 '취소할 수 있는 행정행위'에 대해서만 인정한다(대판 1996. 4. 12, 95누18857). 무효인 행정행위는 다른 행정행위로의 전환만 가능하고 치유는 인정될 수 없다(통설, 판례).

② 행정행위의 **형식상·절차상의 하자**가 있는 경우에 **주로** 인정될
수 있고, 판례는 내용상의 하자의 경우에는 하자가 치유될 수 없
다는 입장이다.

(3) 흠의 치유의 사유

필요한 신청서의 사후제출 또는 보완, 무권대리행위의 추인, 불특정
목적물의 사후특정, 요식행위의 형식보완, 필요한 청문이나 이유
부기의 사후보완 등이 있다.

(4) 치유의 효과

치유의 효과는 처음부터 적법한 행위와 같은 효력(소급효)를 가
진다.

2. 흠 있는 행정행위의 전환

(1) 의의

① 행정행위가 원래 행정청이 의도한 행정행위로서는 무효인 행정
행위이지만, 그것을 다른 행정행위로 간주한다면 유효한 요건을
갖추게 되는 경우에 그 유효한 **다른 행위로서의 효력을 승인**하
는 것을 말한다.
- 사자(死者)에 대한 광업허가·재산세부과를 그 상속인에 대한
것으로 해석하는 경우 등

② 치유가 흠 있는 행정행위가 흠 없는 본래의 행위로서의 효력을
발생하는 반면, 전환은 본래의 행정행위가 아니고 다른 행위로
서 유효하게 성립한다는 점에서 차이가 있다.

(2) 적용영역

전통적 견해와 판례는 하자 있는 행정행위의 전환을 무효인 행위에
만 인정한다.

I. 행정행위의 무효

II. 행정행위의 취소

1. 의의

(1) 개념

- 유효하게 성립한 행정행위에 흠이 있음을 이유로 권한 있는 행정
  기관이 그 효력을 소급하여 상실시키기 위하여 직권으로 하는 독
  립적 행정행위를 말한다.
- 직권취소 이외에 행정쟁송절차를 거쳐 이루어지는 쟁송취소를 포
  함한다.

(2) 타 개념과의 구별

- 취소는 일단 유효하게 성립된 행정행위를 대상으로 한다는 점에
  서 <u>처음부터 무효인 행정행위임을 공적으로 확인하고 선언하는
  행위인 무효선언과 구별</u>된다.
- 행정행위의 철회란 행정행위가 아무런 흠 없이 적법·타당하게
  성립되었으나, 그 후에 발생한 새로운 사정을 이유로 그 효력을
  장래에 향하여 소멸시키는 것이라는 점에서 행정행위 성립당시
  의 흠을 이유로 하는 취소와 구별된다.

III. 행정행위의 철회

1. 철회의 의의

- 흠 없이 적법하게 성립된 행정행위의 효력을 그 성립 후에 발생된
  새로운 사유를 이유로 장래에 향하여 그 효력의 전부 또는 일부를
  소멸시키는 독립된 행정행위이다.

2. 철회권자

- 행정행위의 권한을 가진 <u>행정청만이 된다.</u>
- 감독청은 법률에 특별한 규정이 있는 경우를 제외하고는 행정행위에 관한 철회권을 가지지 못한다.

3. 철회권의 법적 근거

법령의 근거가 있거나 철회권이 유보된 경우, 상대방의 동의가 있는 경우에 가능하다는 견해가 있으나, 법적 근거가 필요하지 않다고 보는 소극설(법적 근거 불요설)이 다수설·판례이다.

4. 철회사유

(1) 침익적인 행위의 철회

- 침익적인 행위에서는 원칙적으로 철회가 가능하다.
- 한편, 사인은 적법한 침익적인 행위에 대한 철회청구권을 갖지 아니하므로 신청권이 없어 거부를 다툴 수 없는 것이 다수설·판례의 입장이다.

(2) 수익적 행위의 철회

① 철회권이 유보된 경우
② 사정변경
③ 부담의 불이행
④ 중요한 공익상의 필요가 요구된 경우
⑤ 법령에 규정된 철회사유가 발생한 경우

VI. 행정행위의 실효

1. 실효의 의의

- 적법한 행정행위의 효력이 행정청의 의사와 관계없이 일정한 사실에 의해 장래를 향하여 당연히 소멸되는 것이다.

- 구별개념

  일단 발생된 효력이 소멸된다는 점에서 행정행위의 무효와 구별되고, 효력의 소멸이 행정청의 의사와 무관하다는 점에서 행정행위의 취소·철회와 구분된다.

2. 실효의 사유

(1) 대상의 소멸

- 의사의 사망, 자동차검사합격에 대한 자동차의 폐차, 자진폐업에 따른 영업허가의 효력 소멸 등이 있다.

(2) 부관의 성취

해제조건부행위에 있어서 조건의 성취, 종기부행정행위에 있어서 종기의 도래는 행정행위의 효력의 소멸을 가져온다.

(3) 목적의 달성

작위하명의 경우, 작위의무를 이행하는 경우와 같이 행정행위는 목적달성(내용실현)이 이루어짐으로써 효력이 소멸한다(자진철거).

(4) 새로운 법규의 제정·개정

특정한 행정행위와 상충되는 내용을 가진 법령이 제정·개정되면서 그 특정한 행위의 효력을 부인하는 규정을 둔다면, 동 법령의 효력발생과 더불어 기존의 특정한 행정행위는 효력이 소멸된다.

3. 실효의 효과

별도의 의사표시 없이 그 때부터 장래에 향하여 효력이 소멸한다.

제7절 행정계획

I. 행정계획의 의의
- 행정주체가 행정목표를 설정하고 행정목표달성을 위해 행정수단을 종합·조정함으로써 장래 일정한 시점에서 일정한 목표를 실현하는 것을 내용으로 하는 행정의 행위형식이다.

II. 행정계획의 종류
- 구속적 계획은 관계행정청에 대한 구속적 계획(정부의 예산운용계획은 중앙행정기관의 예산요구서작성지침), 국민에 대한 구속적 계획(국토의 계획및이용에관한법률에 의한 도시관리계획·도시개발법에 의한 도시개발계획 등이 수립되면 국민에게 각종 제한이 뒤따르게 된다)으로 나뉘어진다.
- 비구속적 계획에는 홍보적 계획·행정지도적 계획 등이 있다.

제8절 행정지도

I. 행정지도의 의의

1. 개념
① 행정절차법 행정지도를 '행정기관이 그 소관사무의 범위 안에서 일정한 행정목적을 실현하기 위하여 특정인에게 일정한 행위를 하거나 하지 아니하도록 지도·권고·조언 등을 하는 행정작용'이라고 정의한다(제2조 제3호).
② 다른 행정작용이 독일 프랑스에서 연유한 것과 달리 일본에서 생성된 행정의 행위형식이다(독일은 비공식적 행정작용의 일종으로 논의).

2. 성질
상대방에 대한 구속력·강제력이 없는 비권력적 작용(비권력행위)이며, 그 자체로서 아무런 법적 효과도 발생하지 않는 사실행위이다.

II. 행정지도의 존재이유와 문제점

1. 존재이유

① 행정기능의 확대

② 임의적 수단에 의한 편의성

③ 정보 등의 제공

④ 이해의 조정·통합

2. 문제점

① <u>법치주의의 공동화</u>

② 사실상의 강제성

③ 한계의 불명확성

④ <u>행정구제수단의 불완전</u>

III. 행정지도의 법적 근거와 한계

1. 행정지도의 법적 근거

조직법적 근거는 필요하나, 반드시 법적 근거를 요하는 것은 아니다.

2. 행정지도의 원칙과 한계

① 행정지도의 원칙

(가) 비례성의 원칙

행정지도는 그 목적 달성에 필요한 최소한도에 그쳐야 한다(행정절차법 제48조 제1항).

(나) 임의성의 원칙

지도받는 자의 의사에 반하여 부당하게 강요하여서는 아니된다(행정절차법 제48조 제1항).

(다) 불이익조치금지원칙

행정기관은 상대방이 행정지도에 따르지 아니하였다는 것을 이유로 불이익한 조치를 하여서는 아니된다(행정절차법 제48조 제2항).

(라) 기타

　　평등원칙, 신뢰보호원칙 등을 준수하여야 한다.

② 행정지도의 한계

　법률우위 원칙은 적용된다.

제3편 행정법상의 실효성확보수단

제1장 ᆡ 개설

I. 행정상 실효성확보의 의의

- 의무이행을 강제하기 위해서는 <u>의무이행이 법적 근거에 의하여 부과된 경우 그 법에 근거하여 의무이행을 강제할 수 있는 것은 아니고, 별도의 법적 근거가 있어야</u> 한다.

※ 행정법상 실효성확보수단의 개관

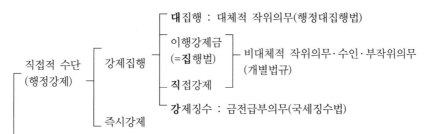

*집행벌(이행강제금)은 행정벌, 새로운 수단과 같이 간접적 강제수단의 일종으로 분류될 수 있음에 주의.

제2장 ⌐ 행정상 강제집행

I. 의의

1. 개념

2. 타 개념과의 구별

- 행정상의 강제집행은 의무의 존재와 그 의무의 불이행을 전제 / 이를 전제로 하지 않고 즉시에 실력을 행사하는 행정상의 즉시강제와 다르다.
- 행정벌은 과거의 의무위반에 대한 제재를 직접 목적 / 행정상의 강제집행은 장래에 의무를 이행시키기 위한 강제수단이다.
- 민사상의 강제집행이 행하여지기 위해서는 사법권의 개입이 요구되는 데 대하여 / 행정상의 강제집행은 법원 등의 개입을 거치지 않고 행정권의 자력집행이라는 점에서 구별된다.

III. 행정상 강제집행의 수단

1. 대집행

(1) 의의 및 특색

① 의의

대집행이라 함은 행정법상의 대체적 작위의무불이행의 경우에 당해 행정청이 의무자가 할 일을 스스로 행하거나 또는 제3자로 하여금 이를 행하게 하고 그에 관한 비용을 의무자로부터 징수하는 행정상의 강제집행이다(행정대집행법 제2조).

② 특색

우리나라는 제3자가 대행하는 경우(타자집행)뿐만 아니라 <u>행정청 자신이 행하는 경우(자기집행)까지도 대집행에 포함</u>시키는 점에 특색이다.

③ 법적 근거

각 단행법에 특별한 규정이 없는 경우에는 행정대집행법이 일반법으로 적용된다.

2. 이행강제금(집행벌)

(1) 의의

① 행정법상의 부작위의무 또는 비대체적 작위의무를 이행치 아니하는 경우에 그 의무자에게 심리적 압박을 가하여 의무의 이행을 간접적으로 강제하기 위하여 과하는 금전적 부담 또는 강제금이다.

② 헌법재판소는 <u>이행강제금이 대체적 작위의무에 대해서도 부과될 수 있다</u>고 본다.

건축법상의 이행강제금도 대체적 작위의무(위법건축물의 철거의무)에 대하여 규정하고 있다(동법 제83조).

(2) 특징

① 집행벌은 장래에 그 의무를 이행하게 하려는 간접적인 강제집행 수단의 하나인 점에서 과거의 의무위반에 대한 제재로서의 벌인 행정벌과 구별된다.

② 이행강제금은 의무자가 이를 이행하지 않는 한 <u>반복해서 부과될 수 있다.</u>

③ 양자는 목적과 성질이 다르므로 (행정)<u>형벌 또는 과태료와의 병과가 허용된다.</u>

3. 직접강제

(1) 의의

의무자가 의무를 이행하지 아니하는 경우에 직접적으로 의무자의 신체 또는 재산에 실력을 가함으로써 의무의 이행이 있었던 것과 같은 상태를 실현하는 행정상의 강제집행이다.

(2) 근거

현행법하에서는 일반법은 없고, 개별법에서 강제수용, 출입국관리법 제50조상의 강제퇴거, 식품위생법 제62조상의 영업소의 폐쇄조치, 전염병예방법상의 예방접종의 강제실시, 시위군중의 강제해산 등을 규정하고 있다.

(3) 한계

현행의 강제집행수단 중에서도 가장 강력한 수단이므로 국민의 기본권을 침해할 가능성이 매우 높다.

4. 행정상 강제징수

(1) 의의

행정법상의 금전급부의무가 이행되지 아니한 경우의 행정상의 강제집행이다.

(2) 근거

일반법적 지위를 가진 법률로 국세징수법이 있다.

(3) 절차

① 독촉

(가) 통지행위인 준법률행위적 행정행위이며, 독촉은 문서로 하여야 하며, 시효중단의 효과가 생긴다(국세기본법 제28조 제1항).

(나) 판례는 독촉없이 행한 압류의 효력을 취소사유로 본 경우도 있다(대판 1987. 9. 22, 87누383).

② 체납처분

체납처분은 압류 → 매각 → 청산을 거치는 일련의 강제절차를 말한다.

제3장 ┆ 행정상 즉시강제

I. 의의

1. 개념

<u>목전의 급박한 행정상 장해를 제거해야 할 필요</u>가 있는 경우에 미리 의무를 명할 시간적 여유가 없거나 또는 그 성질상 의무를 명해서만은 그 목적을 달성하기 곤란한 때에 직접 국민의 신체 또는 재산에 실력을 가하여 행정상 필요한 상태를 실현하는 작용이다.

2. 법적 성질(합성행위)

<u>권력적</u> 성질을 가지는 <u>사실행위</u>로서 상대방에 수인의무도 발생시키는 행위--<u>행정쟁송의 대상이 되는 처분이다.</u>

3. 다른 개념과의 구별

(1) 행정상 강제집행과의 구별

행정상의 강제집행은 선행적인 의무의 존재와 그 불이행을 전제로 하는 데 반하여, 행정상의 즉시강제는 불이행을 전제로 하지 않는다는 점에서 구별된다.

(2) 행정조사와의 구별

행정조사는 그 자체가 목적이 아니라 행정작용을 위한 예비적·보조적 수단으로서의 성질을 갖는다.

제4장 ┆ 행정벌

I. 행정벌의 의의

1. 행정벌의 개념

행정법상의 과거 의무위반에 대한 제재로서 <u>일반통치권에 의거하여</u> 과하는 처벌을 말하며, 이를 형사벌과 구별하여 행정벌이라 한다.

2. 행정벌의 성질

(1) 징계벌과의 구별

- 행정벌과 징계벌 간에는 병과가 가능하다. 즉, 일사부재리의 원칙이 적용되지 않는다.

(2) 강제집행(집행벌)과의 구별

- 집행벌은 의무불이행이 있는 경우에 장래의 이행을 강제하기 위한 강제집행의 일종이라는 점에서 구별된다.
- 행정형벌과 집행벌 간에는 병과가 가능하며, 행정형벌은 법원에서 부과하나 집행벌은 의무를 부과한 행정청에서 행한다.

(3) 형사벌과의 구별

제4편   행정구제법

제1장   총설

제1절 행정구제의 의의

<u>사전적 권리구제제도</u> – 행정절차·옴부즈만제도 및 청원이 있다.

<u>사후적 권리구제제도</u> – 행정상 손해전보와 행정쟁송이 있다.

제2장   행정상 손해배상

제1절 개설

I. 행정상 손해전보의 의의

1. 의의

2. 행정상 손해배상과 손실보상의 비교

비교	손해배상	손실보상
개념	위법한 행정작용 – 손해전보	적법한 공권력, 특별한 희생 – 손해전보
기본이념	개인의 손해에 대한 보상적 정의 실현 (개인주의적 도의적책임)	개인이 특별히 부담하는 손실에 대한 배분적 정의 실현 (단체주의적 공평부담)
발생원인	**위법한** 행정작용	**적법한** 행위 + 특별한 희생
성립요건	• 공무원의 직무상 불법행위(위법성+고의·과실+손해(재산적/비재산적)의 발생) • 영조물의 설치·관리의 하자(무과실책임)	공공필요+특별한 희생+재산상 손해발생
헌법적 근거	헌법 제29조	헌법 제23조 제3항
적용법규	국가배상법	관련법규상의 보상규정
양도 · 압류	생명·신체의 침해를 원인으로 하는 손해배상 청구권은 양도·압류금지	공권이지만 양도·압류가능

제2절 공무원의 위법한 직무행위로 인한 손해배상

I. 배상책임의 요건

공무원의 위법한 직무집행행위로 인하여 개인에게 손해를 가한 경우에 국가나 지방자치단체가 그 손해를 배상하는 것을 말한다(국가배상법 제2조 제1항).

국가배상법 제2조 (배상책임)

① 국가나 지방자치단체는 @<u>공무원 또는 공무를 위탁받은 사인(이하 공무원이라 함)</u>이 ⓑ<u>직무를 집행하면서</u> ⓒ<u>고의 또는 과실로</u> ⓓ<u>법령을 위반하여</u> ⓔ<u>타인에게 손해를 입히거나, 자동차손해배상보장법의 규정에 의하여 손해배상의 책임이 있는 때에는 이 법에 따라 그 손해를 배상하여야 한다.</u> 다만, 군인·군무원·경찰공무원 또는 향토예비군대원이 전투·훈련 등 직무집행과 관련하여 전사·순직 또는 공상을 입은 경우에 본인 또는 그 유족이 다른 법령의 규정에 의하여 재해보상금·유족연금·상이연금 등의 보상을 지급받을 수 있을 때에는 이 법 및 민법의 규정에 의한 손해배상을 청구할 수 없다.

② 제1항 본문의 경우에 공무원에게 고의 또는 **중대한 과실**이 있으면 국가 또는 지방자치단체는 그 공무원에게 구상할 수 있다.

1. 공무원

(1) 국가배상법 제2조에 의한 공무원

① '국가공무원법·지방공무원법상의 공무원뿐만 아니라 널리 공무를 위탁받아 실질적으로 공무에 종사하는 모든 자'를 포함하는 넓은 의미의 공무원이다(기능적 공무원개념 ; 통설·판례).

② 일시적·한정적 사무를 담당하는 자도 공무원에 포함되며 보조기관. 사실상 공무원의 경우에도 포함된다.

③ 자연인뿐만 아니라 기관 자체도 포함한다(지방의회, 선거관리위원회 등).

2. 직무를 집행하면서

(1) 직무행위의 범위

– 권력작용과 비권력작용(관리작용)만이 포함되고 단지 <u>사경제주체로</u>
  <u>서 하는 활동은 제외</u>된다는 광의설이 다수설 판례이다.

(2) 직무행위의 내용

– 행정작용뿐만 아니라 입법작용·사법작용이 모두 포함한다.

3. 고의 또는 과실로 인한 행위

(1) 고의·과실의 의의(전통적 과실책임주의)

– 과실은 그 정도에 따라 경과실과 중과실로 나눌 수 있는데, 판례는 당
  해 직무를 담당하는 평균적 공무원이 통상 갖추어야 할 주의의무를 게
  을리 한 것으로 보는 추상적 경과실로 본다.

4. 법령에 위반한 행위

(1) 법령의 위반

① 의의

법령위반이란 위법성 일반을 의미하는데, 그것은 반드시 엄격한 의미의
법령위반만을 의미(협의)하는 것이 아니며, 인권존중·신의성실·권리남용
금지·사회질서 등 여러 원칙의 위반도 포함되며 행위가 객관적으로 부당
함을 의미(광의)한다는 것이 통설이다.

5. 타인에게 손해가 가하였을 것

(1) 타인

타인이란 가해자인 공무원 및 그의 직무행위에 가세한 자 이외의 모든
사람. 공무원도 피해자가 될 수 있다.

(2) 손해

손해란 피해자가 입은 모든 불이익을 가리키는바, 재산적 손해·정신적 손
해, 적극적 손해 · 소극적 손해를 가리지 아니한다. 반사적 이익의 침해
는 포함되지 않는다.

6. 직무상 불법행위와 손해와의 인과관계

상당인과관계가 있어야 한다.

제3절 영조물의 설치·관리의 하자로 인한 손해배상

I. 개설

1. 국가배상법의 규정

국가나 지방자치단체의 공공영조물의 설치·관리의 하자로 인하여 개인에게 손해를 가한 경우에 국가나 지방자치단체가 그 손해를 배상하는 것을 말한다(국가배상법 제5조).

2. 민법 제758조의 규정

국가배상법 제5조의 배상책임은 민법 제758조의 공작물책임과 같은 무과실책임으로 보고 있다. 다만, 그 대상에 있어 국가배상법은 민법의 공작물에한정되지 않으므로 범위를 확대하고 있고, 민법과 달리 국가배상법은 점유자의 면책사유를 인정하지 않고 있다.

II. 배상책임의 성립요건

1. 공공영조물

(1) 공공영조물이란 공공목적에 공용되는 유체물 및 자연력인 공물을 의미한다. 즉 강학상의 공물을 의미한다. 따라서 인공공물과 자연공물 및 동산·동물을 모두 포함한다.

(2) 예컨대, 지하케이블선의 맨홀, 철도건널목의 자동경보기, 공중변소, 도로, 하천, 경찰견 등은 강학상 공물이다.

2. 설치·관리의 하자

(1) 의의

영조물의 설치·관리의 하자란 영조물이 통상적으로 갖추어야 할 안전성을 결하고 있는 것을 의미한다.

3. 타인에게 손해가 발생할 것

- 손해는 <u>재산적·정신적 손해, 적극적·소극적 손해를 모두 포함한다.</u>

4. 영조물책임의 면책사유

(1) 불가항력

영조물이 통상의 안전성을 갖추고 있는 한, 천재지변과 같은 예측가능성·회피가능성이 없는 불가항력에 의한 손해의 경우는 면책된다고 볼 수 있다.

다만, 불가항력에 의한 것이라 하더라도 영조물의 하자가 경합하여 발생되거나 악화된 경우는 경합된 범위 내에서 국가배상책임이 인정된다.

제3장 ᅡ 행정상 손실보상

제1절 개설

- 행정상 손실보상이란 공공필요에 의한 <u>적법한</u> 공권력 행사로 인하여 개인에게 과하여진 <u>특별한 희생</u>에 대하여 사유재산권의 보장과 전체적인 <u>공평부담의 견지</u>에서 행정주체가 행하는 조절적인 재산적 전보를 말한다.
- 손실보상은 적법한 공권력 행사로 인하여 '직접적'으로 가해진 손실에 대한 보상이지만, <u>'간접손실'도 적법한 공권력 행사가 원인이 되어 발생한 손실이므로 손실보상의 대상이 되는 것으로 보아야 한다. 판례도 같은 입장이다</u>(대판 1999. 10. 8, 99다27231).

제2절 행정상 손실보상의 근거 및 청구권의 성질

I. 행정상 손실보상의 근거

1. 이론적 근거

행정상 손실보상의 근거에 대해 기득권설, 은혜설, 공용수용설, 특별희생설이 대립하고 있으나, 공평의 견지에서 보상해야 한다는 특별희생설이 오늘날의 일반적 견해이다.

2. 실정법적 근거

(1) 헌법적 근거

– 행정상 손실보상의 실정법적 근거는 헌법 제23조 제3항이다.

[헌법 제23조]

① 모든 국민의 재산권은 보장된다. 그 내용과 한계는 법률로 정한다.

② 재산권의 행사는 공공복리에 적합하도록 하여야 한다.

③ 공공필요에 의한 재산권의 수용·사용 또는 제한 및 그에 대한 보상은 법률로써 하되, 정당한 보상을 지급하여야 한다.

제3절 행정상 손실보상의 요건

I. 공공의 필요에 의한 적법한 공권력의 행사일 것

1. 공공의 필요

공공필요는 불확정개념으로서 오늘날 점차 확대되는 경향이다.

공공필요 여부는 공권적 침해로서 얻게 되는 공익과 재산권보장이라는 사익간의 이익형량을 통해서 판단한다.

2. 적법한 공권력의 행사(법적합성의 원칙)

(1) 적법행위

（2）공권력 행사
- 헌법 제23조 3항은 재산권에 대한 수용 사용 제한을 명시하고
있다.

II. 재산권에 의도적 침해일 것

1. 재산권의 의미

（1）의의

① 소유권은 물론이고, 그 밖의 법에 의해 보호되는 모든 재산적 가
치있는 권리이다.
사법상의 권리와 공법상의 권리（공유수면매립권 등）도 포함한다.

② 제외되는 것
- 지가상승의 기대와 같은 기대이익은 여기서의 보호대상에서
제외된다.
- 자연적·문화적인 학술적 가치는 원칙적으로 손실보상의 대상
이 되지 않는다.

2. 재산권에 대한 의도적 침해

- 상대방의 재산상 손실은 공권력의 주체에 의해 직접적으로 의도된
것이어야 한다.
- 수용적 침해와 구별되는 중요한 기준이 된다.

III. 특별한 희생일 것

1. 개설

보상은 사회적 제약을 넘는 특별한 희생인 때에 한하여 인정된다.

IV. 보상규정이 있을 것

그 밖의 손해전보제도

I. 개설(행정상 손해전보제도의 흠결)

II. 수용유사침해이론

1. 개설

(1) 의의

공공필요에 의하여 재산권을 위법·무책하게 침해하여 특별한 희생을 가하였으나, 보상규정의 결여로 보상할 수 없게 된 공용침해(주로 공용제한)에 대해 수용행위와 유사한 공용침해로 보아 보상이 행하여져야 한다는 것이다.

(2) 유사개념과의 구별

〈행정상 손해전보제도의 비교〉

행정상 손해배상	위법·유책	재산적·비재산적 침해
행정상 손실보상(수용침해)	적법·무책	재산적 침해, 의도적 침해
수용유사적 침해	위법·무책	보상규정의 결여
수용적 침해보상	적법·무책	비의도적 침해
희생보상청구권	적법·무책	생명·신체 등의 비재산적 침해
결과제거청구권	위법·무책	원상회복

(3) 독일에서의 논의전개

① 독일에서는 초기에는 수용유사침해 근거를 기본법 제14조 제3항에서 찾았으나, 오늘날은 기본법 제14조 제3항에서 찾는 것이 아니라 관습법으로 발전되어온 희생보상제도에서 그 근거를 찾고 있다.

② 판례

- 수용유사침해보상의 이론에 대한 판례의 입장은 명백하지 않다.

- 대법원은 수용유사침해법리를 명시적으로 받아들이고 있지
    않다.

III. 수용적 침해이론

1. 의의

(1) 개념

적법한 행정작용의 이형적(비정형적)·비의욕적인 부수적 결과로서
타인의 재산권에 수용하는 경우이다.
  - 예컨대, 도로공사로 인한 차량통행제한으로 인근상점 등이 입게
    되는 판매고 격감과 같은 피해, 지하철공사의 장기화로 인한 영
    업손실 등이 있다.

2. 성립요건

공공필요, 재산권, 침해, 특별희생, 침해의 적법성과 그 결과로서의 손해
의 발생을 들 수 있다.

3. 인정 여부

우리나라의 도입여부에 관해 견해가 대립된다. 한편 아직까지 이 이론을
명시적으로 도입한 판례는 없다.

IV. 희생보상청구권

1. 개설

(1) 의의

행정청의 적법한 공권력 행사에 의하여 개인의 비재산적 법익(생명·
신체·자유·명예 등)에 가해진 손실에 대한 보상청구권이다(예방접
종사고의 경우 등).

(2) 법적 근거

일반적인 제도로서 희생보상청구권을 모른다. 현행 행정법규 중 비
재산적 법익침해에 대하여 보상규정을 둔 경우로는 산림법(제102조

의3), 소방법(제89조)이 있다.

2. 성립요건

공공필요에 의한 적법한 공권력 행사, 특별한 희생 외에 생명 신체 등의 <u>비재산적 법익에 대한 침해를 그 요건을 들 수 있다.</u>

3. 인정여부

우리나라에서의 채택여부에 대해 견해가 대립된다.

4. 희생유사침해

침해가 <u>위법한 경우</u>에는 희생유사침해로 인한 손실보상이 문제되는 바 그 법적 근거·요건 및 보상의 내용 등은 침해의 위법성만 제외하면 희생의 보상과 같다.

제5절 행정상 결과제거청구권

I. 개설

1. 행정상 결과제거청구권의 의의

위법한 행정작용의 결과로서 남아있는 상태로 인하여 자기의 법률상의 이익을 침해받고 있는 자가 행정주체를 상대로 하여 그 위법한 상태를 제거해 줄 것을 청구하는 권리. 원상회복청구권을 의미한다.

2. 구별개념

① 결과제거청구권은 위법한 결과의 제거를 통한 원상회복을 목적으로 하지만, 손해배상은 금전에 의한 배상을 목적으로 한다.
② 손해배상은 가해행위의 위법과 가해자의 고의 또는 과실을 요건으로 하지만, 결과제거청구는 가해행위의 위법 여부 및 가해자의 과실을 요건으로 하지 않는다.
③ 대상에 있어서 손해배상은 가해행위와 상당인과관계 있는 손해이지만, 결과제거청구는 공행정작용의 <u>직접적인 결과만</u>을 대상으로 한다.

3. 성질

- 명예훼손의 경우 명예회복을 청구하는 것과 같이 물권적 청구권에 한정할 것은 아니라는 것이 다수설적 견해이다.

4. 법적 근거

실체법적 근거는 행정의 법적합성 및 헌법 제29조 제1항의 정신에서, 구체적인 직접 근거는 민법 제213·214조가 있으며, 절차법적 근거로는 행정소송법 제3조 제2호(당사자소송) 및 제10조와 민사소송법의 관계규정을 든다.

II. 결과제거청구권의 요건

1. 행정주체의 공행정작용으로 인한 침해

2. 타인의 권리(법률상 이익)의 침해

(1) 보호받을 만한 가치 있는 타인의 권리 또는 법률상 이익을 침해하여야 한다.

(2) 재산상의 것 이외에 **명예·신용 등 정신적인 것도 포함**(공직자의 공석에서의 발언으로 자신의 명예를 훼손당한 자는 명예훼손발언의 철회를 요구할 수 있다).

3. 위법한 상태의 존재

(1) 위법한 상태의 존재 여부는 사실심의 변론종결시를 기준으로 하여 판단되어야 하며, 처음부터 발생할 수도 있고, 사후에 발생할 수도 있다(기간의 경과 또는 공행정작용의 취소·철회 등의 경우).

(2) 취소할 수 있는 행정행위는 권한 있는 기관에 의하여 취소되기 전까지는 당해 행정행위는 유효한 것이므로 결과제거청구권은 성립되지 않는다.

4. 위법한 상태의 계속

(1) 행정주체의 공행정작용에 의하여 야기된 결과적 상태가 위법한 상

태로 계속하여 존재하고 있어야 한다.

(2) 위법한 상태가 사후에 합법화된 경우(도로에 불법편입된 토지가 사후에 수용된 경우)에는 위법한 상태는 더 이상 존재하지 않으므로 결과제거청구권은 당연히 인정되지 않는다.

5. 가능성 등

결과제거청구에 의해 원상회복이 사실상 <u>가능하고</u>, 법적으로 허용된 것이어야 하며, 의무자인 행위주체에게 <u>기대가능한 것이어야</u> 한다.

III. 결과제거의 의무주체

결과제거청구권은 그러한 결과를 야기시킨 <u>행정주체에 대하여 행사된다.</u>

제4장 ː 행정쟁송

제1절 개설

- 행정소송은 법원에 의하여 심리·판결되는 행정쟁송이고, 행정심판은 행정기관에 의하여 심리·재결되는 행정작용이다.

제2절 행정소송

제1관 개설

행정소송제도의 발전

(1) 우리나라는 영·미식 사법제도 국가주의를 취하여 행정사건도 일반사법법원에서 관할·심판하도록 하고 있다(헌법 제107조 제2항).

(2) 다만, 행정사건의 특수성을 고려하여 대륙법계적인 요소들을 가미

(3) 행정소송법 개정으로 인해 1998년 3월 1일부터는 행정심판전치주의는 임의절차화되고, 행정소송의 심급도 지방법원급의 행정법원을 제1심으로 하는 3심제로 되었다.

V. 행정소송의 유형

1. 주관적 소송·객관적 소송

(1) 주관적 소송(항고소송, 당사자소송).

(2) 객관적 소송(민중소송, 기관소송).

2. 형성의 소·이행의 소·확인의 소

(1) 형성의 소(취소소송)

(2) 이행의 소(무명항고소송)

(3) 확인의 소(무효등 확인소송, 부작위위법확인소송, 확인을 구하는 당사자소송)

3. 항고소송·당사자소송·민중소송·기관소송

(1) 항고소송

언제나 복심적 소송이다(행정심판, 항고소송 등).

(2) 당사자소송

시심적 소송이다(손실보상청구소송, 봉급청구소송, 연금청구소송, 토
지수용재결신청 등).

– 실질적으로는 항고소송의 성질을 가지나 형식적으로는 당사자쟁
송의 형태를 취하는 것을 형식적 당사자소송이라고 한다(토지수
용재결로 결정된 보상액의 증감청구소송).

(3) 민중소송

선거소청, 선거소송, 당선소송을 들 수 있다.

(4) 기관소송

제2관 항고소송

제1항 취소소송

I. 개설

1. 의의

행정청의 <u>위법한 처분·재결을 취소·변경하는 소송</u>을 말한다.

2. 취소소송의 성질

(1) <u>주관적 소송이다.</u>

(2) 형성소송으로 보는 것이 다수설/ 판례이다.

3. 소송물

– <u>행정행위의 위법성 그 자체로 보는 견해</u>가 우리의 일반적 견
해이며 판례의 입장이다.

제2항 무효 등 확인소송

I. 서설

1. 의의

① 행정청의 처분·재결의 효력 유무 또는 존재 여부를 확인하는

소송을 말한다(행정소송법 제4조 제2호).

② 무효확인소송·유효확인소송·실효확인소송·존재확인소송·부존재
확인소송

2. 성질

항고소송설·준항고소송설·당사자소송설로 나뉘어 있으나, 행정소
송법은 항고소송으로 규정하고 있다.

3. 적용법규

취소소송에 관한 행정소송법상의 규정이 거의 대부분 준용., 예외
적 행정심판전치주의(제18조), 제소기간(제20조), 재량처분의 취소(제
27조), 사정판결(제28조)에 관한 규정은 무효등 확인소송에 준용되지
않는다.

제3항 부작위 위법 확인소송

I. 개설

1. 의의

부작위위법확인소송이란 행정청의 부작위가 위법하다는 것을 확인
하는 소송을 말한다(행정소송법 제4조 제3호).

2. 성질

확인소송으로서의 성질을 가지며, 항고소송의 범주에 속한다.

3. 적용법규

취소소송에 관한 행정소송법상의 규정이 거의 대부분 준용되고 있
으나, 처분변경으로 인한 소의 변경(제22조), **집행정지**(제23조), **사정
판결**(제28조), 피고의 소송비용부담(제32조)에 관한 규정은 준용되지
않는다.

제3관 당사자소송

I. 개설

1. 의의

당사자소송이란 행정청의 처분 등을 원인으로 하는 법률관계에 관한

소송, 그 밖에 공법상의 법률관계에 관한 소송으로서 그 법률관계의 한 쪽 당사자를 피고로 하는 소송이다(행정소송법 제3조 제2호).

2. 성질

당사자소송은 개인의 권익구제를 직접적인 목적으로 하는 주관적 소송이다. 또한 당사자소송은 시심적 쟁송의 성질을 가지며, 소송절차 면에서 민사소송과 그 본질을 같이 한다(행정소송법 제8조 제2항).

3. 다른 소송유형과의 구별

(1) 항고소송

소송의 대상에서 항고소송은 처분 등이 되고, 피고도 처분청으로 하나, 당사자소송은 처분 등을 원인으로 하는 법률관계 및 공법 상의 법률관계가 되고, 피고도 행정주체가 된다는 점에서 차이가 있다.

(2) 민사소송

민사소송의 소송물은 사법상의 권리이나, 당사자소송의 소송물은 공법상의 권리(공무원의 지위확인소송, 공무원의 봉급지급청구소 송)라는 점에서 차이가 있다.

제4관 객관적 소송

I. 서설

객관적 소송이란 행정의 적법성 보장 또는 공공이익의 일반적 보호를 목적으로 하는 소송을 말하며, 직접적인 이해관계가 없는 일반국민·선거인 또는 행정기관도 제기할 수 있다.

II. 민중소송

1. 의의

민중소송이란 국가 또는 공공단체의 기관이 법률에 위반되는 행위를 한 때에 직접 자기의 법률상의 이익과 관계없이 그 시정을 구하기 위 하여 제기하는 소송을 말한다(행정소송법 제3조 제3호).

2. 성질

(1) 객관적 소송

(2) 법정주의

민중소송은 행정법규의 적정한 집행이 요구되는 분야에서 법률이 민중소송의 제기를 허용하고 있는 경우에 법률이 정한 자에 한하여 제소가 인정된다(행정소송법 제45조).

3. 유형

현행법상 인정되고 있는 민중소송의 예로는, 국민투표법이 정한 국민투표무효소송(동법 제92조), 공직선거 및 선거부정 방지법이 정한 선거무효소송 및 당선무효소송(동법 제222·223조), 지방자치법상 주민소송, 주민투표법상의 주민투표소송이 있다.

III. 기관소송

1. 개설

(1) 의의

① 기관소송이란 국가 또는 공공단체의 기관 상호 간에 있어서 권한의 존부 또는 그 행사에 관한 다툼이 있을 때, 이에 대하여 제기하는 소송을 말한다(행정소송법 제3조 4호).

② 다만, 행정소송법 제3조 4호 단서는 헌법재판소법 제2조의 규정에 의하여 헌법재판소의 관장사항으로 되어있는 <u>권한쟁의심판은 행정소송법상 기관소송에서 제외</u>하고 있다.

2. 기관소송의 범위

3. 성질

① 객관적 소송

② 제소권자

기관소송은 법률이 정한 경우에 법률이 정한 자에 한하여 제기할 수 있다(행정소송법 제45조).

③ 법정주의

기관소송은 법률이 정한 경우에 한해서 제기할 수 있다(행정소송법 제45조).

4. 기관소송의 예

현행법상 기관소송은 주로 지방자치단체의 기관 상호 간의 영역에서 문제되며 인정되고 있다.

제3절 **행정심판**

제1관 개설

I. 행정심판

1. 행정심판의 의의
   (1) 행정심판은 널리 행정기관이 행하는 행정법상의 분쟁에 대한 심리 재결하는 절차이다.
   (2) 행정청인 행정심판위원회가 행하는 행위로서, 행정행위의 성질을 갖는다.
   (3) 행정심판은 행정법상의 분쟁에 대한 심판작용으로서 확인행위적 성질과 준사법적 행위의 성질을 갖는다.
       - 행정심판의 재결에는 불가변력이 인정된다.

2. 행정심판과 유사한 제도와의 구별
   (1) 이의신청과의 구별
       ① 행정심판은 행정심판위원회에 제기하는 행정쟁송이나, 이의신청은 처분청에 재심사를 구하는 제도이다.
       ② 이의신청의 결정에 대하여 불복하는 자는 다시 행정심판을 제기 할 수 있음이 원칙이다.
   (2) 행정소송과의 구별
       ① 공통점
          (가) 양자는 모두 침해된 국민의 권익구제를 도모하는 실질적 쟁송에 해당한다.
          (나) 구체적인 분쟁을 전제로 이미 행하여진 행정행위의 취소·변경을 구하는 항고쟁송이며, 법률상 이익이 있는 자만이

원고적격·청구인적격을 가지는 주관적 쟁송이다.

(다) 쟁송의 대상에 대해 개괄주의를 취하고 있고, 심리에 있어 직권심리주의, 불고불리 및 불이익변경금지의 원칙이 인정 되고, 집행부정지원칙이 적용되고, 사정재결·사정판결이 인정된다.

② 차이점

쟁송의 목적(기능)의 중점, 쟁송의 성질, 쟁송사항의 범위, 쟁 송의 판정기관, 쟁송의 판정절차·심리절차 등에 차이가 있다.

3. 행정심판과 헌법

헌법 제107조 제3항은 '재판의 전심절차로서 행정심판을 할 수 있다. 행정심판의 절차는 법률로 정하되, 사법절차가 준용되어야 한다.'고 하여 오히려 행정심판절차의 헌법적인 근거를 마련하고 있다.

제2관 행정심판의 종류와 대상

I. 행정심판의 종류

행정심판법상으로는 처분 등에 대한 행정심판(항고심판)만이 규정되어 있다.

- 그 종류로는 취소심판, 무효등확인심판, 의무이행심판이 있다.

1. 취소심판

(1) 의의

행정청의 위법·부당한 공권력의 행사 또는 그 거부나 그 밖에 이 에 준하는 행정작용으로 인하여 권익을 침해당한 자가 그 취소· 변경을 구하는 행정심판을 취소심판(행정심판법 제5조 제1호).

(2) 성질

확인적 쟁송이 아니라 형성적 쟁송으로 보아야 한다(통설·판례).

(3) 재결

위원회는 취소심판의 청구가 이유가 있다고 인정하면 처분을 취소 또는 다른 처분으로 변경하거나 처분을 다른 처분으로 변경할 것을 피청구인에게 명한다(행정심판법 제43조 제3항).

2. 무효등 확인심판

(1) 의의

행정청의 처분의 효력 유무 또는 존재 여부에 대한 확인을 구하는 심판으로서, 구체적으로는 무효확인심판, 유효확인심판, 실효확인심판, 부존재확인심판, 존재확인심판 등이 있다.

(2) 성질

확인적 쟁송설, 형성적 쟁송설, 준형성적 쟁송설이 있다.

(3) 재결

취소심판의 경우와는 달리 청구기간 및 사정재결에 관한 규정이 적용되지 않는다. 이때의 확인재결은 행정심판의 당사자는 물론, 제3자에게도 효력이 미친다고 할 것이다.

3. 의무이행심판

(1) 의의

행정청의 위법·부당한 거부처분이나 부작위에 대하여 일정한 처분을 하도록 하는 심판(행정심판법 제5조 3호)이다.

(2) 성질

의무이행심판은 행정청에게 일정한 처분을 할 것을 명하는 심판으로 이행쟁송으로서의 성질을 갖는다.

(3) 특징

인용재결의 경우는 행정심판위원회가 스스로 원신청에 따른 처분을 하거나 처분을 할 것을 명하는 재결(이행재결)을 하며(법 제43조 제5항), 행정청에 대하여 이행의무를 명하는 재결이 있으면 당해 행정청은 지체없이 그 재결의 취지에 따라 원신청에 대한 처분을 하여야 한다(법 제49조 제2항). 위원회는 피청구인이 제49조 제2항에도 불구하고 처분을 하지 아니하는 경우에는 당사자가 신청하면 기간을 정하여 서면으로 시정을 명하고 그 기간에 이행하지 아니하면 직접 처분을 할 수 있다. 다만, 그 처분의 성질이나 그 밖의 불가피한 사유로 위원회가 직접 처분을 할 수 없는 경우에는 그러하지 아니하다(법 제50조 제1항).

공직법입문
(형법)

제1장 형법의 기초

〈서론〉

형사사법 전문가는 우리가 흔히들 경찰공무원을 칭하는 다른 이름이다. 형사법학의 분야에는 가장 강의의 개념으로 '범죄학, 형법, 형사소송법, 형사정책, 교정학, 범죄피해자학'을 통칭하는 개념이다.

시민혁명으로 이룬 근대적 법치주의 국가원리에 따라서 법을 제정하는 입법부, 법을 집행하는 행정부, 분쟁을 해결하는 사법부로 권력을 분리하여 상호 균형과 견제의 원리가 작동하게 하였다.

행정부 소속의 공무원들은 당연히 '법률전문가'로서의 토대를 가지고 다양한 정책적, 경험적 토대를 가진 전문가 집단이어야 한다. 그런데 유감스럽게도 우리나라의 교육시스템은 경찰공무원들에게 있어서 법률적 지식은 가장 중요한 토대가 됨에도 불구하고 이러한 것에 대한 인식은 대단히 낮은 편이다. 대학의 경우에 경찰을 양성하는 학과의 경우에도 규범학은 겨우 몇학점 이수할 뿐이고 주로 실무에서 배워야 하는 과목들로 교과과정이 형성되어 있다는 점은 경찰을 비롯한 공직자들이 과연 관련 법률에 대한 법리적 이해를 도모하는 기본교육이 이루어지고 있지 않다는 점은 법학자의 시각에서 심각한 수준이라 아니할 수 없다.

미국의 경우에도 헌법, 범죄학, 행정법, 형법, 형사소송법을 주된 교육의 방점을 두고 여기에 경찰윤리의 교육과정을 담고 있는 것과 비교하면 우리의 교육시스템은 경찰학에서 크게 경찰법학과 경찰행정학으로 구분되어 있는데 지나치게 경험과학인 행정학분야에 치중되어 있는 점 또한 개선되어야 하고, 이를 개선하기 위한 새로운 지평을 열기위하여 입문서라고 할 수 있다.

경찰을 비롯한 공직자들은 누구보다 법률전문가여야 한다. 우리가 속한 공동체의 질서유지와 안전, 공공복리를 보장하기 위하여 국민의 봉사지인 공직자들의 규범학적 인식의 대 전환이 요구된다 할 것이다. 법치주의 국가를 천

명하면서 법은 마치 사법부의 역할을 수행하는 곳에서만 알면 되는 것처럼 인식되는 부분도 문제가 아닐 수 없다. 우리 공동체가 지향해야할 우리의 정체성을 규정한 헌법은 법치주의 국가를 살아가는 시민들의 기본교육이 되어함에도 철저한 규범학적 토대위에 실무와 연계된 경험과학이 더해져야 하는 어찌보면 쉽지 않은 전공분야라 할 수 있다. 시민혁명을 거치면서 우리의 공동체는 법률의 지배를 통한 법치주의 국가를 지향하고 있음에도 국가를 경영하는 정부의 관료들은 법치주의와 행정의 실천하려는 경향성은 대단히 낮은 것이 현실이다. 그것은 전문 교육기관인 대학의 경우에데 크게 다르지 않다는 것이다. 이러한 교육과정의 개편이 이루어지지 않는 다면 이러한 법치주의국가의 실천의 본보기여야 하는 공직사회에 법치와 행정을 기대하는 것은 어쩌면 당연한 현상일 수 있을 것이다. 궁극적으로는 보편적 법치주의시민교육의 시스템이 갖추어 지기를 앙망해 보면서 법치주의 공직을 실천하기 위한 규범학의 근본규범인 헌법과 행정법, 그리고 법규범의 근본토대인 민법, 그리고 경찰과 검찰, 교정을 비롯한 공직자들 위한 형사법 분야를 중심으로 첫발을 내딛게 되었다. 이것이 법치가 공직사회에 기초되는 뿌리가 되는 작은 움직임이 되기를 소망해 본다.

형법을 어떻게 공부할것인가?

1. 공부는 왕도가 없다는 말이 있다. 공부방법론의 첫 번째 길은 당장 도서관에서 책읽기를 시작하는 것이다.

2. 형법은 다른 규범학과 달리 체계내재적 학문적 특성을 가지고 있다. 그래서 마치 수학의 공식과도 같은 것이다. 아무리 어려운 문제도 공식을 알면 그것을 대입하면 쉽게 해결책이 생기는 것처럼 범죄체계론에 기초한 형법의 공식을 이해하는 것이다.

3. 형법은 용어의 어려움을 극복해야 한다. 그리고 한자에 대한 이해와 외국어 중에서도 특히 독일어에 대한 작은 이해도 필요하다.

4. 형법총론과 각론으로 이루어져 있는데 체계내재적 학문이기 때문에 형법총론의 비중을높여서 공부하는 것이 필요하다. 물론 궁극적으로 각론에서 제시한 범죄의 성립여부를 파악하는 것이기 때문에 형법각론의 이해도 중요하다. 그리고 절차를 통하여 범죄성립여부를 결정하는 하는 것으로 형사절차법에 대한 이해도 필요하다. 그래서 처음 시작할 때에는 형법총론과 각론, 형사소송법을 통독할 것을 권한다.

5. 법학은 분쟁해결을 위한 목적지향적 학문이다. 총론의 공식을 정리하지 못하면 문제해결력이 생기지 않는다. 결국 우리가 목표로하는 것은 시험에 합격하여 공직자를 비롯한 법률전문가의 길을 가려는 것이라면 불굴의 의지가 필요하다.

6. 법전과 친해져야 한다. 법전은 문제해결을 위한 출발점이 된다는 점을 상기하여야 한다.

7. 판례와 친해지고, 비판적 사고를 가지는 것이 필요하다. 그리고 법률가처럼 생각하는 공부방법론에 대한 이해를 도모하기를 희망한다. 공직자가 관련 법률도 모르고 해석하지 못하면 그것은 시민의 신뢰와도 상충하는 것 아닐까?

제1절 형법의 기본개념

I. 형법의 개념

1. 형법이란 일반적 범죄와 형벌의 관계를 규정한 국가법규범의 총체, 즉 어떤 행위가 범죄이고 그 범죄에 대한 법률효과로 어떠한 형벌을 과할 것인가를 규정하는 법규범을 말한다.[1]

2. 보안처분을 형벌에 포함하여 범죄에 대하여 형벌과 보안처분이라는 형사제재를 규정한 법규범의 총체라고 해석하는 것이 일반적이다.[2]

II. 형식적 의미의 형법과 실질적 의미의 형법

1. 형식적 의의의 형법(협의의 형법)

가. 형법전: 1953년 9월 18일 법률제 293호.

나. 형식적 의미의 형법에는 실질적 의미의 형법에 해당되지 않는 것도 포함되어 있다. 예컨대 소추조건인 친고죄에 있어서의 고소 양형의 조건, 형의 집행, 형의 실효및 시효에 관한 사항 등이 있다.

다. 보통 우리가 형법이라고 말할 때 협의의 형법을 말한다.

2. 실질적 의미의 형법(광의의 형법)

가. 그 명칭이나 형식을 불문하고 범죄와 형사제재를 규정한 모든 법규

---

1) 유기천, 3면; 이형국, 23면; 정영석, 15면; 이재상, 총론, 3면.
2) 김일수/서보학, 총론, 3면; 이재상, 총론, 3면; 박상기, 총론, 3면.

범을 말한다.

나. 광의의 형법에는 협의의 형법은 물론 특별형법(예를 들어 군형법, 구가보안법, 폭력행위등처벌에 관한 법률, 특정강력범죄처벌에관한 특별조치법, 특정범죄가중처벌등에관한법률, 성폭력범죄의처벌및피 해자보호등에관한법률, 도로교통법, 관세법 등)과 보안처분을 규정 하고 있는(형법,보호관찰법,소년법,치료감호법 등)이 있다.

다. 형법에 규정된 것이라도 범죄와 형사제재를 규정한 것이 아니면 광 의의 형법이 아니다.

라. '법률없으면 범죄도 없다'에서 '법률은 광의의 형법을 말한다.

마. 주의할 점은 형사소송법, 행형법, 경찰관직무집행법 등은 실질적 의 의의 형법이라고 할 수 없으며, 행정법규를 위반하여 부과되는 과태 료, 범칙금을 규정하고 있는 법체계는 질서위반법이라고 하여 실질 적 의의의 형법과는 구별하고 있다.[3]

III. 질서위반법과 형법

1. 의의

단순한 행정법규위반 등 질서위반행위에 대하여 질서벌의 일종인 범칙금이 나 과태료를 부과등을 규율하는 법을 질서위반법이라고 한다. 이것은 실질적 의미의 형법과 구별되는 별도의 형사법체계를 구성한다.[4] 우리나라에서 경범 죄처벌법이 과연 질서위반법인가 형법인가에 대한 다툼이 있다.

2. 형법과의 구별

가. 형식설

일정한 형태에 대한 제재의 종류가 형벌인가 아니면 과태료(범칙금) 인가에 따라서 구별하는 입장이다. 이에 따르면 우리나라의 경범죄 처벌법은 형벌의 일종인 구류나 과료를 제재수단으로 삼고 있기 때 문에 질서위반법이 아니다.

---

3) 김일수/서보학, 총론, 4면; 임웅, 총론, 4면.
4) 김일수/서보학, 총론, 4면.

나. 실질설

형법과 질서위반법은 그 규율대상과 방법, 제재의 종류등을 함께 고려하여 실질적으로 구별하려는 입장으로서 양자의 질직 또는 양적 요소에 따라서 구별한다. 실질설 중에서도 질서위반법의 규율대상은 법익의 위험성이 본질적으로 적다는 점, 위반자의 심정태도 등에 기초한 책임비난의 정도가 약하다는 점에서 양자를 양적요소에 따라서 구별하는 것이 오늘날 일반적인 경향이다.

다. 결론

우리 형법 질서내에서 형법과 질서위반법을 구별하는 것이 쉽지 않다. 제재의 종류에 따른 형식적인 구별보다는 보호법익의 위험성과 제재의 종류나 방법등을 고려하여 실질적으로 구별하는 것이 타당하다고 본다.[5]

Ⅳ. 형법의 성격

1. 형법의 체계적 지위

가. 범죄자를 처벌하는 국가의 공형벌권에 근거를 두고 있는 공법이다.

나. 재판에 적용되는 사법법(司法法)

다. 범죄의 요건과 효과를 규정한 실체법이다.

2. 형법의 규범적 성격

가. 법규법이다(당위의 규범이다).

나. 가설적 규범이다.

다. 행위규범이다.(명령규범이면서 금지규범이다)

라. 재판규범이다.: 법관의 사법활동을 규제한다.

마. 평가규범이면서 의사결정규범이다.: 일정한 행위를 무가치한것 즉 반가치적인 것으로 평가하는 규범이면서 그러한 무가치한 행위를

---

5) 형벌과 보안처분 이외의제3의 형사제재수단으로서 범칙금납부통고처분(경범죄처벌벌제6조이하,도로교통법 제117조 등)이 있는데 이처분의 대상을 범칙해위라고 하며 범칙금납부통고처분을 받은 자는 10일 이내에 납부하면 형사사건을 종결하고 범칙행위자에게 전과기록이 남기지 않도록 한특례이다(임웅, 총론, 4면).

할 것을 결정해서는 안된다는 의사결정규범이다.

3. 행위형법과 행위자 형법

- 가벌성을 입법화하는 방법에 개별적인 범죄행위를 기준으로 하는 행위형법
- 범죄자의 성격이나 태도 등의 범죄자의 유형 또는 장래의 위험성을 기준으로 하는 행위자 형법
- 현행형법은 행위형법이고 형량을 결정하는 경우 예외적으로 양형의 기준, 상습범, 보안처분규정등의 행위자의 성격을 고려하여 결정한다.(51조)
- 특별예방을 강조하는 입장에서는 행위자형법의 경향이 강화된다.

Ⅴ. 형법의 기능

1. 규제적기능(억압적, 진압적기능)

가. 의의

공동체생활에서 필요한 행위규범을 정하고 이 규범에 침해 또는 위험이 발생한 경우에 형사제재로써 법공동체의 평화를 위협하거나 침해하는 행위를 억제하고 규제하는 기능을 말한다.

나. 내용

1) 형법은 일정한 범죄에 대하여 형사제재를 과할 것을 예고한다. 이를 통하여 일반국민은 행위의 준칙이 되고 법관은 사법활동의 지표가 된다.

2) 형법의 규제적 기능을 국가사회적으로 보면 질서유지적 기능[6] 내지 사회보호적 기능으로 파악될 수 있다.[7]

3) 특히 형벌과 보안처분의 예고와 시행은 일반인으로 하여금 범죄로 나아가지 못하게 함(일반예방기능)과 범죄인에게 법을 존중하고 건전한 사회인으로 복귀할 수 있는 기능(특별예방기능)을

---

6) 정성근/박광민, 총론, 7면.
7) 임웅, 총론, 7면.

한다.

4) 규제적 기능은 형법의 규범적인 성격에서 오는 논리적 기능으로
서 가장 근원적인 기능이며 여기서 보호적기능, 보장적기능, 사
회질서유지의 기능등이 파생된다.

2. 보호적 기능(형법의 적극적 과제)

가. 의의

형법은 사회질서의 기본가치를 보호하는 기능을 가진다. 형법의보호
적 기능은 법익보호와 사회윤리적행위가치의 보호를 내용으로 한다.
법익보호가 결과에 대한 것이라면 행위가치의 보호는 행위에 관한
것이다. 따라서 범죄는 법익침해와 의무위반의 성질을 가진다.[8]

나. 특성

1) 법익의 보호기능

- 개념: 공동체생활에서 필요불가결한 기본조건들인 법익을 확증
하고 보호함으로써 사회일반의 법익을 보호해 주는 형법의 기
능을 말한다.
- 특성: ① 법익보호는 법전체의 기능이나, 형법은 형벌이라는
특별한 제재를 수단으로 한다는 점에서 고유한 법익보호기능
을 갖는다.

② 결과반가치론의 입장에서 비른바움(Birnbaum)이 법익이라
는 개념을 처음 사용한 이후 최근까지 가벌성의 실질적 근거
및 가벌성 제한의 기준으로서 결정적인 역할을 최근까지 담당
해왔다. 그러나 법익보호에만 치우친 형법은 현실적인 범죄피
해자에 대해서는 맹목적일 뿐만 아니라 피해자와 범인사이에
존재하는 갈등해결에도 미흡하다하는 지적이 있다.

---

8) 이에 대하여 형법의 보호적 기능은 법익보호의 영역을 넘어 보다 근원적인 차원에서 사
회윤리적 행위가치의 보호에도 영향을 미친다고 하면서, 다만 사회윤리적 행위가치의 보
호는 형법의 기능의 당위적인 요청이라기 보다는 사실상의 역할에 불과하다는 견해가 있
다(김일수/서보학, 총론, 30면). 이에 따르면 본질적 임무로서의 보호기능은 어디까지나
헌법질서에 합치하는 법익의 보호에 있다.

2) 사회윤리적 행위가치의 보호기능

- 개념: 공동체의 일원으로서 개인이 실천해야할 윤리적 의무를 이행하도록 함으로써 사회윤리적으로 합치되는 행위 그 자체도 사회공동생활 가치가 있는 것으로 보호해 주는 형법의 기능을 말한다.

- 특성
  ① 형법은 자신의 평가의 토대를 이루고 있는 사회윤리적규범 중에서 사회의 공존조건을 확보하기 위하여 필요한 만큼의 형벌이라는 강력한 수단으로 관철시키고자 한다.[9]
  ② 벨첼(Welzel)이 목적적 행위론에 입각한 행위반가치론의 입장에서 주장한 것으로 형법의보충성원칙, 비범죄화이론, 형법의 탈윤리화이론의 입장으로부터 비판을 받아왔으나. 1980년 대 이후 적극적일반예방사상이 각광을 받으면서 벨첼의 사회윤리적행위가치의 보호는 법익보호라는 형법의 목표를 위한 수단으로서 적극적 일반예방사상의 다른 표현에 불과하다는데에 대체적인 의견의 일치를 이루고 있다.

3) 양자의 관계
  ① 사회윤리적 행위가치의 보호는 법익보호의 수단이라는 점(김일수)
  ② 사회윤리적 행위가치의 보호는 법익보호의 범주에 포함된다는 견해(배종대)
  ③ 양자는 형법상 대등한 지위에서 상호 보완하면서 제한하는 관계에 있다는 견해(이재상, 이형국, 정성근)

4) 양자의 구별

	범죄의 본질	불법의 본질	형법의 성격
법익보호기능	법익침해	결과반가치	평가규범
사회윤리적행위가치보호	의무위반	행위반가치	의사결정규범

---

9) 임웅, 총론, 8면 참조.

- 불법의 본질에 대하여 보호적 기능을 강조하는 입장에서는 결과반가치론을 사회윤리적 행위가치 보호가능을 강조하는 입장에서는 행위반가치론을 주장한다.

다. 보호적 기능의 한계로서 형법의 보충성원칙
　1) 의의
　　사회적으로 유해한 행위라 하여도 형법이외의 규제수단이으로 충분하게 사회를 유지할 수 있으면 형사제재는 가능하면 억제되어야 하고 최후수단으로서만 적용되어야 한다는 원칙을 말한다. 이는 행위반가치인 사회윤리적 행위가치보호의 관계에서 형법의 비범죄화론, 탈윤리화론과 같이 문제되고 있다.
　2) 근거
　　가) 형법의 단편적 성격: 형법은 사회의 모든 분야가 아니라 특별히 가벌성이 인정되는 분야에서만 법익보호기능을 수행한다. 따라서 형법이 다른 규범이 담당해야할 영역을 침범할 경우에는 그 정당성이 상실된다는데 그 근거를 두고 있다.[10)]
　　나) 비례성의 원칙: 형법은 강력한 제재효과를 가진 수단이므로 형법보다 가벼운 수단이 있으면 그것에 의해야 한다는 비례성의 원칙에 근거한다.
　3) 비범죄화이론과 탈윤리화이론
　　① 비범죄화이론
　　　형법의 기능을 사회존립에 불가결한 사회적 기능을 보호하는데 제한하고 형사법률에 의하여 규율되지 말아야 할 정당하지 못한 입법으로 비범죄화되어야한다.
　　　낙태, 간통, 공연음란, 음행매개, 단순도박, 존속살해중벌 규정 등에 대하여 문제가 제기된다.

---

10) 배종대, 총론, 40면.

② 형법의 탈윤리화

비범죄화의 요청은 다원적 가치관을 인정하는 민주사회에서는 형법의 기능이 헌법질서가 보장하는 시민의 자유로운 생활에 필요한 전제를 보호하는데 제한되어야하고, 국가가 사회생활의 유지에 없어서는 안되는 기능이 되지 않는한 허용할 수 없다는 형법의 탈윤리화를 요구하게 된다.[11]

간통죄, 혼인빙자간음죄, 자살관여죄 등에 관해 문제가 제기된다.

③ 따라서 형법의 보충성원칙은 비범죄화이론과 형법의 탈윤리화의 요청에도 그 근거를 두고 있다.

3. 보장적 기능(형법의 소극적 과제)

가. 보장적 기능이란 형법이 국가의 형벌권의 한계를 명확하게 규정하여 자의적인 형벌로부터 국민의 자유와 권리를 보장하는 기능을 말한다. 근대자유주의 법치국가사상에 기초하여 국가의 자의적인 형벌권의 행사로부터 국민의 자유와 권리를 보장하는 형법의보장적 기능이 특히 강조된다.

나. 효과
1) 일반국민에 대한 효과
형법은 범죄가 무엇인가를 확정해 줌으로써 그에 해당하지 않는 행위에 대해서는 일반국민의 행동의 자유를 보장한다(일반인의 마그나카르타).
2) 범죄인에 대한 효과
형법은 범죄인일지라도 형법에서 정해진 형벌의 범위내에서만 처벌되고, 그 이외의 부당한 처벌은 받지 않을 것을 보장한다(범죄인의 마그나카르타).

---

11) 이재상, 총론, 7면.

다. 보호적기능과의 관계

  1) 역기능·모순관계

    형법은 법익이나 사회윤리적 행위가치를 보호법익으로 하는 침해권한의 규정인 동시에 범죄자와 그 관련자에 대한 법치국가적 보장(인권보장:정형화된 과제)을 위한 침해의 한계를선언이므로 어느 한 목적이 우선하게 된다면 다른 목적은 소홀하게 되는 반비례 내지 모순관계에 있다.

  2) 양기능의 동시충족

    각 국가의 법문화·법현실과 관련된 정의의 기준에 의하여 양자가 균형과 조화를 이루도록 하여야 할 것이다. 현실적으로는 보호적 기능에 비해 열등한 지위에 있는 보장적 기능을 보호적 기능의 수준으로 올려 양자가 균형상태를 가질 수 있도록 하여야 할 것이다.

4. 기능 상호간의 관계

상호 보충적인 관계로 파악되어야 할 것이다.

Ⅵ. 위험형법의 등장[12]

1. 등장배경및 의의

근대화·산업화가 양산한 위험이 인류의 생존자체를 후기 현대의 위험사회에서는 새로운 위험에 대처하기 형법의 전치화를 통하여 형법이 보호하는 영역을 확대하지는 것으로 전통적인 자유주의적 법치국가사상으로부터 예방적 조절모델로서의 형법의 역할을 주장하는 견해의 등장함.

2. 논거 및 대상

위험형법은 사후적 통제인 응보보다는 예방사상이 특별예방이나 소극적 일반예방보다는 적극적 예방이 형사입법의 정당화시키는 논거가 된다. 위험형법은 미래의 안전과 관련하여 보호법익을 확정하기 어렵기 때문

---

12) 김일수/서보학, 총론, 85면 참조.

에 전통적인 법익사상을 벗어나 새로운 행위규범에 대한 형법적 통제의 필요성을 강조함 예를 들어 환경, 경제등

3. 위험형법의 특징

위험형법은 전통적인 법치국가에서 형법의 보충성원칙을 고집하지 않고 보편적법익개념의 확대를 통하여 피해자없는 범죄에 대한 형법의 비대화를 인정하였다.

예방을 위해 추상적 위험범의 확대, 국민을 계몽하는 도구로 사용하는 예방형법, 상징형법으로서의 특징을 가진다.

4. 위험형법의 적용한계

사회적 위험에 대하여 형법을 조기투입하고, 계몽하는 역할을 담당하는 것은 바람직한 것이 될 수 없다는 역사적 교훈이 있다. 그럼에도 안전을 위해 자유를 희생하게 하는 것은 주객이 전도된 것으로 결코 바람직한 형법의 방향이라고 볼 수 없다. 적적한 조화를 모색해야 할 것으로 본다.

제2절 **형법의 발전**13)

구분	시기	주요내용
1) 복수시대 (속죄시대)	원시시대~ 고대국가형성전	• 사형벌과 공형벌의 미분화 • 원시종교적 미신적 사회규범 • 동해보복(탈리오법칙) • 속죄제도: 함무라비법전
2) 위하시태 (형벌의 국가화)	고대국가~17세기	• 공형벌 제도화 • 형벌의 잔혹성 • 16세기 카롤리나 형법전, 교회법, 당률, 대명률, • 규문주의(죄형전단주의) • 일반예방강조
3) 박애시대 (형벌의 법률화, 객관주의의 등장)	18세기~19세기 중엽	• 계몽주의·합리주의, 민주주의, 법치주의 • 개인의 자유와 인권을 중시 • 죄형법정주의원칙의 확립 • 형벌의 인도주의화 • 베까리아(Beccaria), 포이에르바흐(Feuerbach),칸트(Kant), 헤겔(Hegel)
4) 과학시대 (형벌의 개별화, 주관주의)	19세기 후반~	• 범죄의 격증, 상습법, 소년범 • 범죄인의 재사회화(특별예방주의) • 범죄인과 범죄원인에 관한 실증과학적 연구 • 롬브로조(Lombroso), 페리(Ferri), 가로팔로(Garofalo), 리스트(Liszt)
5) 위험형법의 등장	현대사회	• 위험사회에 예방조절로서 형법의 전치화 • 보충성원칙의 완화 • 보편적법익의 확대와 형법의 비대화 • 국민을 계몽하는 도구로서의 형법의 적극적 역할을 강조

---

13) 김일수/변종필, 객관식, 24면 참조.

제3절 **죄형법정주의**

Ⅰ. 죄형법정주의의 의의

1. 개념

가. 죄형법정주의란 "법률 없으면 범죄도 없고 형벌도 없다"는 근대형법 의 기본원칙으로서 어떤 행위가 범죄로 되고 그 범죄에 대하여 어떤 처분을 할 것인가를 미리 성문의 법률로 정해두어야 한다는 원칙을 말한다.

나. 죄형법정주의는 단순히 형벌법규의 규정원리라는 차원을 넘어서 헌 법적 원칙 내지 기본권으로서의 지위를 갖는다. 따라서 이에 위반되 는 형벌법규는 헌법위반이 된다.[14]

2. 근거[15]

가. 법률 없으면 범죄없다(nullm crimen sine lege).

  1) 의의

  어떤 행위가 비난이 될 만큼 사회적으로 매우 유해하더라도 국 가권력의 형벌권의 남용으로부터 국민의 자유와 권리를 보장하 기 위해 국가는 그 행위가 범죄로 법률상 사전에 명백히 규정되 어 있을 때에만 형사제재의 원인으로 삼을 수 있다는 원칙을 말 한다.

  2) 실정법적 근거

  가) 헌법 제13조 제1항에서 "모든 국민은 행위시의 법률에 의하 여 범죄를 구성하지 아니하는 행위로 소추되지 아니한다."

  나) 형법 제1조 제1항 "범죄의 성립과 처벌은 행위시 법률에 의 한다."[16]

---

14) 신동운, 21면.
15) 이재상,9면참조; 김일수/서보학,57면참조.
16) 형법제1조 제1항에 대해 ① 행위법원칙과 아울러 죄형법정주의원칙을 규정한 것으로 보

나. 법률 없으면 형벌 없다(nulla poena sine lege).

    1) 의의

어떤 행위의 가벌실 자체뿐만 아니라. 형의 종류와 정도도 범죄
행위 이전에 법률로 확정되어 있어야 한다는 원칙을 말한다.

    2) 실정법적 근거

        가) 헌법 제12조 제1항은 "누구든지 법률에 의하지 아니하고는
체포, 구속, 압수, 수색 또는 심문(의견진술)을 받지 아니하
며, 법률과 적법한 절차에 의하지 아니하고는 처벌, 보안처
분 또는 강제노역을 당하지 아니한다."

        나) 형법 제1조 제1항"범죄의 성립과 처벌은 행위시의 법률에
의한다."

3. 죄형법정주의의 실천적 의의[17]

죄형법정주의는 책임원칙(형벌권의 한계)및 비례성의 원칙(보안처분의
한계)과 함께 법익보호를 통하여 시민 상호간의 평화적인 공존질서를
유지하려고 하는 형법에 대한 법치국가적 제약원리이며 그 실천적 의의
로서 보장적 기능과 적극적일반예방의 의미가 있다.

가. 보장적 의미

죄형법정주의는 국가형벌권발동의 범위를 명확한 실정법률에 구속
시킴으로써 국가형벌권의 자의적인 행사로부터 국민의 자유와 안전
을 보장한다.

나. 적극적일반예방(통합적일반예방론)

    1) 가벌적 행위의 유형과 그에 따른 형벌을 미리 실정법에 명문화해
두어 사회적 갈등상황에 처한 규범에 맞는 행동으로 문제를 해결

는 입장(김일수/서보학,57면; 박상기, 22면; 배종대, 22면; 유기천, 43면; 이재상,9면;
오영근, 43면, 임웅, 15면; 정성근/박광민, 11면; 정영석, 70면; 황산덕, 24면)과 ②형
법제1조 제1항은 형법의 시간적 적용범위에 관한 규정이지 죄형법정주의에 관한 것은
아니라는 입장(강구진, "죄형법정주의와 적정절차원칙'고시연구,1983/5,26면)이 있다.
17) 김일수, 한국형법, 200면 이하참조.

하도록하는 사회교육적 학습효과를 기대할 수 있다.

    2) 아울러 잠재적인 범죄인인 일반인의 법의식에 규범적 요구를 내면화시켜 결국 사회질서의 안정에 이바지 할 수 있다.

    3) 오늘날 일반예방이 위하의 소극적 기능뿐만 아니라 사회의 규범 안정이라는 적극적 기능을 하게 됨에 따라서 죄형법정주의는 새로운 형사정책적 의의를 가지게 되었다.

4. 죄형법정주의원칙위반에 대한 법률효과

가. 죄형법정주의에 위반한 법규는 그로 인한 기본권을 침해당한 자가 헌법소원을 제기할 수 있고, 헌법재판소의 규범통제에 의해 그 법규는 무효가 될 수 있다.

나. 죄형법정주의에 위반한 판결에 대하여는 항소 및 상고, 비상상고[18] 할 수 있다.[19]

II. 죄형법정주의의 연혁과 사상적 배경

1. 沿革

가. 출발점(기원)

1215년 대헌장(마그나카르타:Magna Charta)[20]에서 찾는 것이 보통이나 마그나카르타는 절차적인 보장에 불과하고 실체법적인 보장의

---

18) 비상상고(非常上告)란 판결이 "확정"한 후 그 사건의 심판이 "법령에 위반"한 것을 발견한 때에 허용되는 비상구제절차를 말한다. 검찰총장은 판결이 확정한 후 그 사건의 심판이 법령에 위반한 것을 발견한 때에는 대법원에 비상상고를 할 수 있다(형사소송법 제441조).
[判例] 사면된 범죄에 대하여 사면된 것을 간과하고 한 상고기각의 결정은 공소심판결을 확정시키는 효력이 있는 해당사건에 관한 종국적인 재판이므로 그 결정에 대하여 법령위반이 있음을 발견한 때에는 비상상고를 할 수 있다고 해석함이 타당하다(대법원 1963. 1. 10. 선고 62오4). 비상상고의 판결은 파기자판의 경우 이외에는 그 효력이 피고인에게 미치지 아니한다(형사소송법 제447조).
19) 김일수/서보학, 58면참조.
20) 마그나카르타의 제39조의 내용은 "어떤 자유인도 동등한 신분을 가진자의 적법한 재판이나 국법에 의하지 아니하고는 체포, 구금, 재산박탈, 추방, 투옥되지 아니한다."고 하여 죄형법정주의의 기원으로 보는 견해(박상기, 오영근, 이형국, 임웅, 정성근, 박광민, 정웅석 등).가 다수설이다.

기원은 1525년 독일농민전쟁 중에 공표된 "농민의 12개조항 제9조"에서 찾는 견해[21]가 있다.

나. 확립

1) 죄형법정주의는 근대 시민혁명의 산물이다. 이러한 시민혁명의 정신적 기초를 제공한 것은 17,8세기의 계몽주의 사상이다. 1776년 버지니아 인권선언8조[22], 1787년 미국헌법 제1조 9항[23],1789년 프랑스인권선언 제8조[24]에 의하여 확립되었다.

2) 그 후 1791년 미국의 수정헌법 제5조(적정절차의 보장), 1794년 프로이센일반란트법(유추해석금지의 원칙),1810년 나폴레옹형법 제4조(형식적법치국가사상의 전파), 1871년 독일제국형법, 1919년 바이마르헌법헌법, 1948년 세계인권선언 제4조, 1950년 유럽인권협약 제7조 등에서 규정되어 오늘에 이르고 있다.

3) 1926년 소련형법과 1935년 나찌시대의 독일형법은 신파사상의 영향으로 죄형법정주의를 포기한 적이 있었다.

2. 사상적 배경[25]

가. 계몽주의

인간은 스스로 존엄한 존재이고, 이를 위하여 스스로 자신의 미숙함을 탈피하려는 의지와 책임이 있는 것이다. 모든 인간은 동일한 권리와 자유, 평등, 재산권을 향유할 수 있을 깨닫는 것이 계몽주의

---

21) 농민의 제12개조항 중 제9조에서 "농민들은 자의장인 호의나 악의에 의해 처벌되지 않고 성문화된 법에 따라서 처벌되어야 한다"고 요구하였다. 이를 실체법적인 죄형법정주의 원칙을 선언한 기원으로 보는 견해(김일수,서보학, 배종대, 이재상). 이재상교수는 마그나카르타를 절차법적인 내용이라는 점은 동의하지만 기원으로 농민전쟁12개조항 중 제9조를 택하고 있는지는 불명하다(이재상, 10면).
22) 누구든지 국법 또는 재판에 의하지 않고는 자유를 박탈당하지 아니한다.
23) 어떤 형사사후법도 제정되어서는 아니된다.
24) 누구든지 범죄 이전에 제정, 공포되고 적법하게 적용되는 법률에 의하지 않고는 처벌되지 아니한다(형사사후입법의 금지원칙 확립).
25) 정치적자유주의, 권력분립, 일반예방사상, 책임원칙을 사상적 배경으로 하는 견해(김일수/서보학, 59면); 죄형법정주의의 사상적 기초는 17,8세기의 계몽주의 사상뿐이라는 견해(배종대, 64면).

사상의 본질이다.

인간은 그 자체로 존엄하고 가치있음을 깨닫는 것이다.[26]

나. 몽테스키외의 삼권분립론

몽테스키외는 법의 정신에서 국가권력의 전횡으로부터 국민의 자유와 권리를 보장하기 위해서는 입법, 사법, 행정으로 나누고 사법권은 입법기관이 제정한 법률을 기계적으로 적용하는데 불과하므로 범죄와 형벌의 관계를 미리 법률에 제정할 것을 요구하였다.[27]

다. 포이에르바흐(Feuerbach)[28]의 심리적 강제설

형벌의 목적이 소극적 일반예방에 있다는 입장에서 인간은 합리적이고 이해타산적이어서 범죄를 통하여 얻는 이익과 처벌의 불이익을 크다면 심리적인 압박에 의하여 범죄를 저지르지 않을 것이므로 법전에서 심리적 강제가 가능한 형벌을 규정하는 것이 중요하다.

라. 기타

① 베까리아(Beccaria)의 1764년 '범죄와 형벌'이라는 저서에서 죄형균형론(일반위하설)[29]

② 존하워드의 감옥개량운동은 사형에서 자유형으로의 이전과 수형자의 재사회화를 형벌체계의 중심이 되게 하였다.

마. 형사사법에서 계몽주의의 실천적 시도

– 1740년 프리드리히 대왕이 프로이센의 국왕으로 즉위하자 고문제도의 폐지는 계몽주의의 승리로 인식되고 있다. 이는 몽테스키의 법의 정신(1748년)보다 앞선 것이라는 점에서 의미가 있다.

---

26) 배종대, 형법총론, 49면 참조.
27) 이재상, 11면 참조.
28) 죄형법정주의라는 용어를 처음 사용함
29) 국가 형벌권을 사회계약론에 기초함.

Ⅲ. 죄형법정주의의 현대적 의의

1. 죄형법정주의의 위기

가. 계몽주의 사상에 대한 반성

1) 개인주의적·자유주의적 사상의 수정

죄형법정주의가 개인의 자유만을 강조한 나머지 공동체적인 이익을 무시하여 개인적 자유주의 사상에 대한 수정이 불가피해짐

2) 삼권분립론과 심리적 강제설의 재검토

권력분립론은 입법부에서 제정된 입법이 완전할 수 없음을 간과했고, 심리적 강제설은 형벌의 본질을 일반예방에만 두어 충동적인 범죄를 설명할 수 없다는 문제가 있음. 결국 범죄의 급증으로부터 사회를 방위할 수 없다는 난점이 있었다.

나. 신파사상의 등장

1) 19세기말 과학의 발전과 범죄의 격증으로 인하여 이를 합리적으로 대처하기 위하여 처벌대상이 되는 것은 범죄가 아니라 범죄인이고, 범죄인의 반사회성에 따라서 개별화되고 탄력적인 형벌을 부과의 필요성을 역설하고, 범죄원인에 대한 과학적이고 실증적인 연구와 특별예방을 강조하는 사회방위사상을 강조하게 되었다.

2) 결국에는 독일과 소련에서 전체주의와 공산주의로 결합하여 사회방위사상을 남용하여 죄형법정주의 원칙을 폐기하기에 이르렀다(1926년 소련형법제16조. 1935년 나찌독일형법 제2조).

2. 죄형법정주의의 가치

가. 죄형법정주의는 국가 형벌권이 법률의 근거없이 자의적으로 행사되었던 시기(죄형전단주의시대)에 국가권력으로부터 시민의 자유와 권리를 보장하는데 크게 기여하였다.

나. 오늘날 국가 형벌권이 입법·사법을 묻지 않고 자의적으로 확장되어 시민의 자유와 권리를 필요 이상으로 침해할 수 있는 위험성이 있는 한 죄형법정주의는 권력분립이나 심리강제설을 초월하여 국가의 자의적인 형벌권의 행사로부터 개인의 자유를 보장하는 최후의 보루로서 형법해석의 지도원리로서 기능을 한다.[30]

3. 죄형법정주의와 법치국가원리[31]

가. 현대적의미의 죄형법정주의는 법치국가원리에 그 근거를 두고 있다. 즉 죄형법정주의는 국가의 자의로부터 국민의 자유를 보호할 뿐만 아니라 어떤 행위가 처벌되는가에 대한 법의 예측가능성을 담보함으로써 법적안정성과 국민에 대한 신뢰를 보호하여 시민의 자유를 보장하는 기능을 한다.

나. 오늘날 법치국가원리가 실질적 정의에 일치할 것을 요하는 실질적 법치국가원리에 따라서 죄형법정주의의 내용도 실질적 정의에 합치하는 "적정한 법률이 없으면 범죄도 없고 형벌도 없다"는 원칙을 의미하여 "필요한 법률, 책임있는 법률, 불법할 것"등을 뜻하는 명제로 이해되고 있다. 법관의 자의로부터 국민의 자유를 보호하면서 동시에 입법자의 자의로부터 국민의 자유를 보호하는 기능을 가지고 있다고 할 수 있다. 이를 현대적 의미의 죄형법정주의 또는 실질적 의미의 죄형법정주의라고 한다.[32]

Ⅳ. 죄형법정주의의 파생원칙

1. 법률주의(성문법주의)

- 범죄와 형벌은 성문의 법률에 여하여 규정된 경우에만 적용된다는 원칙

---

30) 죄형법정주의를 부정하였던 독일과 소련의 형법이 1946년과 1958년에 형법개정을 통하여 죄형법정주의를규정하고 확인하였다(이재상, 13면); 정영석,53면.
31) 이재상, 13면 참조.
32) 이재상, 14면.

- 여기서 법률은 국회의 입법절차를 거쳐 제정, 공포된 "형식적 의미의 법률"을 말한다.

2. 위임입법의 한계

가. 위임입법의 불가피성

- 사회현상의 복잡다기화와 국회의 입법에 대한 전문성 기술성의 한계 및 시간적 적응능력의 한계로 형사처벌에 관한 모든 법규를 예외없이 형식적 의미의 법률로 규정하는 것은 불가능하고 실제로 적합하지도 않다.
- 범죄와 형벌의 주된 내용은 법률에 규정하고 구성요건의 세부적 사항을 명령이나 규칙 등 하위법규에 위임하거나 벌칙을 제정을 명령이나 조례에 위임의 필요성이 인정된다.[33]

나. 위임입법의 허용조건

1) 판례의 입장

① 사회현상의 복잡다기화와 국회의 전문적·기술적 능력의 한계 및 시간적 적응능력의 한계로 인하여 형사처벌에 관련된 모든 법규를 예외 없이 형식적 의미의 법률에 의하여 규정한다는 것은 사실상 불가능할 뿐만 아니라, 실제에 적합하지도 아니하기 때문에 특히 긴급한 필요가 있거나 미리 법률로써 자세히 정할 수 없는 부득이한 사정이 있는 경우에 한하여 수권법률(위임법률)이 구성요건의 점에서는 처벌대상자의 범위 등을 예측할 수 있을 정도로 구체적으로 정하고, 형벌의 점에서는 형벌의 종류 및 그 상한과 폭을 명확히 규정하는 것을 전제로 하여 위임입법은 허용되고(대법원 2000. 10. 27. 선고 2000도1007 판결 참조)

② 구성요건의 세부사항을 명령에 위임하는 백지형법이나 벌칙의 제정을 명령또는 규칙에 위임하는 것은 허용된다. 다만

---

33) 이재상, 형법총론, 15면.

그 위임과 수권의 범위가 법률에 명백히 규정되어야 한다.

4. 법률주의의 예외로서 위임입법

가. 허용된 위임입법으로 본 판례

1) 석유사업법시행령 제30조에서 석유사업법 제26조에서 금지하는 유사석유제품을 규정하는 것을 허용된다(대법원 2001. 7. 27. 선고 2001도2950 판결).

2) 예금자보호법 이외에도 형법 제129조 내지 제132조의 적용에 있어서 공무원으로 보는 규정을 개별 법률에 규정하면서 그 직원의 범위를 대통령령에 위임하는 사례는 지방공기업법이나 정부투자기관관리기본법 등 여러 법률에서 찾아볼 수 있으므로, 원심이 피고인 2가 예금보험공사 직원인 공소외 1에게 뇌물을 공여하였다는 이 사건 공소사실에 대하여 뇌물죄를 적용하여 처벌한 것은 정당하고, 거기에 법률 위반 등의 위법이 없다(대법원 2006.6.15. 선고 2004도756 판결).

3) '당해 거주자와 비거주자간 채권의 발생 등에 관한 거래와 관련이 없는 지급'을 한국은행 총재의 허가사항으로 규정한 구 외국환관리규정 제6-15조의3 제15호가 모법의 위임범위를 벗어난 것이 아니다(대법원 2006.5.11. 선고 2006도920 판결).

4) 식품위생법 제11조 제2항이 과대광고 등의 범위 및 기타 필요한 사항을 보건복지부령에 위임하고 있는 것은 과대광고 등으로 인한 형사처벌에 관련된 법규의 내용을 빠짐없이 형식적 의미의 법률에 의하여 규정한다는 것은 사실상 불가능하다는 고려에서 비롯된 것이고, 또한 같은법시행규칙 제6조 제1항은 처벌대상인 행위가 어떠한 것인지 예측할 수 있도록 구체적으로 규정되어 있다고 할 것이므로 식품위생법 제11조 및 같은법시행규칙 제6

조 제1항의 규정이 위임입법의 한계나 죄형법정주의에 위반된 것이라고 볼 수는 없다(대법원 2002. 11. 26. 선고 2002도2998 판결).

5) 식품위생법 제11조 제2항이 과대광고 등의 범위 및 기타 필요한 사항을 보건복지부령에 위임하고 있는 것은 과대광고 등으로 인한 형사처벌에 관련된 법규의 내용을 빠짐없이 형식적 의미의 법률에 의하여 규정한다는 것은 사실상 불가능하다는 고려에서 비롯된 것이고, 또한 같은법시행규칙 제6조 제1항은 처벌대상인 행위가 어떠한 것인지 예측할 수 있도록 구체적으로 규정되어 있다고 할 것이므로 식품위생법 제11조 및 같은법시행규칙 제6조 제1항의 규정이 위임입법의 한계나 죄형법정주의에 위반된 것이라고 볼 수는 없다. (대법원 2002. 11. 26. 선고 2002도2998 판결)

6) 양곡관리법 제17조 제1항과 농수산부장관의 1977.11.9자 고시 제2960호 나. 양곡매매업자에 대한 명령사항 소정의 곡가조절용으로 반출하는 정부양곡을 구입한 양곡매매업자라 함은 정부 또는 정부대행 기관으로부터 직접 곡가조절용 정부양곡을 매입한 판매업자만을 의미하는 것이므로 곡가조절용으로 양곡판매업자에게 배정된 정부양곡을 피고인이 그 판매업자로부터 매수하여 비실수요자에게 판매하였다면 이는 농수산부장관의 위 고시에 위반되는 것이 아니다. 동법 제17조 및 농림부장관의 고시는 위임입법의 한계를 넘은 것이 아니므로 위헌이 아니다(대법원 1980.8.26. 선고 80도47 판결).

7) 업종의 분류를 통계청장이 고시하는 한국표준산업분류에 의하도록 한 조세특례제한법 제2조 제3항(이하 '이 사건 법률조항'이라 한다)이 조세법률주의 및 포괄위임입법금지원칙에 위배되지 않

는다(헌법재판소 2006.12.28 선고 2005헌바59 전원재판부).

8) 정부출연연구기관등의설립·운영및육성에관한법률 제33조 중 '연구기관의 대통령령이 정하는 직원' 부분(이하 '이 사건 법률조항'이라 한다)에서 형법상 뇌물죄의 적용에 있어 공무원으로 의제되는 정부출연기관의 '직원'의 범위를 대통령령에 위임한 것이 위임입법의 한계를 일탈한 것이 아니다(헌법재판소 2006.11.30 자 2004헌바86 2005헌바77 전원재판부).

9) 지급이자의 손금불산입에 해당되는 법인 소유의 비업무용 부동산의 범위를 대통령령에 위임하고 있는 구 법인세법(1998. 12. 28. 법률 제5581호로 전문 개정되기 전의 것) 제18조의3 제1항 제1호(이하 '이 사건 제1호 조항'이라고 한다)가 포괄위임입법금지원칙에 위반하지 않는다(헌법재판소 2006.11.30 자 2004헌바18 2005헌바84 2006헌바14 전원재판부).

10) 차입금과다보유법인에 대한 지급이자 손금불산입에 해당되는 법인 소유의 부동산의 범위를 대통령령에 위임하고 있는 구 법인세법(1998. 12. 28. 법률 제5581호로 전문 개정되기 전의 것) 제18조의3 제2항 제3호(이하 '이 사건 제3호 조항'이라 한다)가 포괄위임입법금지원칙에 위반되지 않는다(헌법재판소 2006.11.30 자 2004헌바18 2005헌바84 2006헌바14 전원재판부).

11) 구 소득세법(2000. 12. 29. 법률 제6292호로 개정되고, 2003. 12. 30. 법률 제7006호로 개정되기 전의 것, 이하 '구 소득세법'이라 한다) 제94조 제1항 제3호 가목 전단 중 '증권거래법에 의한 주권상장법인의 주식으로서 소유주식의 비율·시가총액 등을 감안하여 대통령령이 정하는 대주주가 양도하는 것' 부분(이하 '이 사건 법률조항'이라 한다)이 조세법률주의 및 포괄위

임입법금지원칙에 위반되지 않는다(헌법재판소 2006.07.27 자 2006헌바18 2006헌바54 전원재판부).

12) 부가가치세법 제6조 제6항 제2호 본문에서 부가가치세 비과세 대상으로서의 사업의 양도를 규정하면서 그 구체적인 내용 및 범위를 대통령령에 위임하고 있는 것이 포괄위임입법금지원칙에 위배되지 않는다(헌법재판소 2006.04.27 자 2005헌바69 전원재판부).

13) 지방공무원법 제58조 제2항에서 사실상 노무에 종사하는 공무원의 범위를 조례에 위임할 수 있고, 이는 위임입법의 법리에 위반이 아니다(헌법재판소 2005.10.27 자 2003헌바50 2003헌바62 2004헌바96 2005헌바49 전원재판부).

나. 위임입법의 한계를 벗어나 무효인 판례
1) "약국을 관리하는 약사 또는 한약사는 보건복지부령으로 정하는 약국관리에 필요한 사항을 준수하여야 한다"는 약사법 제19조 제4항의 규정 위반자를 200만원 이하의 벌금에 처하도록 한 약사법 제77조 제1호 중 '제19조 제4항 부분'의 죄형법정주의 내지 포괄위임금지원칙 위배된다(헌법재판소 전원재판부 2000. 7. 20. 99헌가15).

2) 의료법 시행령 제18조 제1항(이하 '시행령 조항'이라 한다)은 "법 제41조에 따라 각종 병원에 두어야 하는 당직의료인의 수는 입원환자 200명까지는 의사·치과의사 또는 한의사의 경우에는 1명, 간호사의 경우에는 2명을 두되, 입원환자 200명을 초과하는 200명마다 의사·치과의사 또는 한의사의 경우에는 1명, 간호사의 경우에는 2명을 추가한 인원 수로 한다."라고 규정하고 있다. 의료법 제41조가 "환자의 진료 등에 필요한 당직의료인을 두어

야 한다."라고 규정하고 있을 뿐인데도 시행령 조항은 당직의료인의 수와 자격 등 배치기준을 규정하고 이를 위반하면 의료법 제90조에 의한 처벌의 대상이 되도록 함으로써 형사처벌의 대상을 신설 또는 확장하였다. 그러므로 시행령 조항은 위임입법의 한계를 벗어난 것으로서 무효이다.

(출처 : 대법원 2017. 2. 16. 선고 2015도16014 전원합의체 판결 [의료법위반] 〉 종합법률정보 판례)

3) 일반적으로 법률의 시행령은 모법인 법률에 의하여 위임받은 사항이나, 법률이 규정한 범위 내에서 법률을 현실적으로 집행하는 데 필요한 세부적인 사항만을 규정할 수 있을 뿐, 법률의 위임 없이 법률이 규정한 개인의 권리·의무에 관한 내용을 변경·보충하거나 법률에서 규정하지 아니한 새로운 내용을 규정할 수 없는 것이고, 특히 법률의 시행령이 형사처벌에 관한 사항을 규정하면서 법률의 명시적인 위임 범위를 벗어나 그 처벌의 대상을 확장하는 것은 헌법 제12조 제1항과 제13조 제1항에서 천명하고 있는 죄형법정주의의 원칙에도 어긋나는 것으로 결코 허용될 수 없다고 할 것인데, 총포·도검·화약류등단속법 제2조 제1항은 총포에 관하여 규정하면서 총에 대하여는 일정 종류의 총을 총포에 해당하는 것으로 규정하면서 그 외의 장약총이나 공기총도 금속성 탄알이나 가스 등을 쏠 수 있는 성능이 있는 것은 총포에 해당한다고 규정하고 있으므로, 여기서 말하는 총은 비록 모든 부품을 다 갖추지는 않았더라도 적어도 금속성 탄알 등을 발사하는 성능을 가지고 있는 것을 가리키는 것이고, 단순히 총의 부품에 불과하여 금속성 탄알 등을 발사할 성능을 가지지 못한 것까지 총포로 규정하고 있는 것은 아니라고 할 것임에도 불구하고 같은법시행령 제3조 제1항은 같은 법 제2조 제1항의 위임에 따라 총포의 범위를 구체적으로 정하면서도 제3호에서 모법의 위임 범위를 벗어나 총의 부품까지 총포에 속하는 것으로 규정함으로써, 같은 법 제12조 제1항 및 제70조 제1항과 결합하

여 모법보다 형사처벌의 대상을 확장하고 있으므로, 이는 결국 위임입법의 한계를 벗어나고 죄형법정주의 원칙에 위배된 것으로 무효라고 하지 않을 수 없다(대법원 1999. 2. 11. 선고 98도 2816 전원합의체 판결).

4) 외국환관리규정(재정경제원고시 제1996−13호) 제6−15조의4 제2호 (나)목 소정의 '도박 기타 범죄 등 선량한 풍속 및 사회질서에 반하는 행위'라는 요건은, 이를 한정할 합리적인 기준이 없다면, 형벌법규의 구성요건 요소로서는 지나치게 광범위하고 불명확하다고 할 것인데, 외국환관리에 관한 법령의 입법 목적이나 그 전체적 내용, 구조 등을 살펴보아도 사물의 변별능력을 제대로 갖춘 일반인의 이해와 판단으로서도 그 구성요건 요소에 해당하는 행위유형을 정형화하거나 한정할 합리적 해석기준을 찾기 어려우므로, 죄형법정주의가 요구하는 형벌법규의 명확성의 원칙에 반한다. 그리고 이와 같이 지나치게 광범위하고 불명확한 사유인 '범죄, 도박 등 선량한 풍속 및 사회질서에 반하는 행위와 관련한 지급 등'을 허가사유로 규정한 것은 모법인 외국환관리법 제17조 제1항에서 규정한 지급 등의 규제요건 및 위 법률조항의 위임에 따라 외국환관리법시행령 제26조 제1항에서 규정한 허가규제기준을 넘어서는 것으로서, 모법의 위임 범위를 벗어난 것이라고 보지 않을 수 없으므로, 외국환관리규정 제6−15조의4 제2호 (나)목의 규정은 죄형법정주의에 위배된 것일 뿐만 아니라 위임입법의 한계도 벗어난 것으로서 무효이다(대법원 1998. 6. 18. 선고 97도2231 전원합의체 판결).

5) 수산업법(1990.8.1. 법률 제4252호로 개정되기 전의 것) 제48조 제1항이 대통령령에 위임한 그 제2호의 "어선에 관한 제한 또는 금지"란 어선의 척수, 규모, 설비와 어법에 관한 제한 또는 금지라고 풀이되는 바, 수산자원보호령 제25조 제1항이 어업면허장,

어업허가장, 어업감찰 또는 접수증을 어업종사 기간 중 어선을 사용하는 경우에는 어선에 비치하고 어선을 사용하지 않는 경우에는 휴대하도록 규정하고 이에 위반될 경우에 위 영 제31조 제1호에 의하여 처벌하도록 한 것은 어구 또는 어선의 제한 또는 금지에 관한 것이 아님이 명백하고 그 밖에 수산업법상 이를 처벌할 위임근거가 없으므로 위 영제25조 제1항,제31조 제1호는 모법의 위임 없이 부당하게 형벌의 범위를 확장한 것으로서 죄형법정주의의 원칙에 위배되고 위임입법의 한계를 벗어난 무효의 규정이다(대법원 1991.11.12. 선고 91도1659 판결).

6) 구 수산업법(1990.8.1. 법률 제4252호로 개정되기 전의 것) 제48조 제1항이 대통령령에 위임한 그 제2호의 "어선에 관한 제한 또는 금지"란 위 법률의 입법목적과 어선·어구의 제한 또는 금지에 관하여 규정한 수산자원보호령 제23조 등에 비추어 어선의 척수, 규모, 설비와 어법에 관한 제한 또는 금지라고 풀이되는 바, 위 영 제25조 제1항이 어업면허장, 어업허가장, 어업감찰 또는 접수증을 어업종사 기간 중 어선을 사용하는 경우에는 어선에 비치하고 어선을 사용하지 않는 경우에는 휴대하도록 규정하고 이에 위반될 경우에 위 영 제31조 제1호에 의하여 처벌하도록 한 것은 어구 또는 어선의 제한 또는 금지에 관한것이 아님이 명백하고 그 밖에 수산업법상 이를 처벌할 위임근거가 없으므로위 영 제25조 제1항, 제31조 제1호는 모법의 위임 없이 부당하게 형벌의 범위를 확장한 것으로서 죄형법정주의의 원칙에 위배되고 위임입법의 한계도 벗어난 무효의 규정이다(대법원 1991.10.22. 선고 91도1617 전원합의체판결).

8) 구 군인연금법 제21조 제5항 제3호(1995. 12. 29. 법률 제5063호로 개정되기 전의 것, 이하 '이 사건 법률조항'이라 한다)에서 퇴역연금 지급정지대상기관을 국방부령으로 정하도록 위임하고 있는

것이 포괄위임금지의 원칙에 위반된다(헌법재판소 2005.12.22 자 2004헌가24 전원재판부).

9) 이 사건 법률조항에서 퇴역연금 지급정지의 요건 및 내용을 대통령령으로 정하도록 위임하고 있는 것이 포괄위임금지의 원칙에 위반된다(헌법재판소 2005.12.22 자 2004헌가24 전원재판부).

5. 관습형법금지의 원칙

가. 의의

관습이란 오랜기간 우리의 공동체에서 계속적 반복적으로 우리의 행위를 규율하여 옴으로 인하여 일반적으로 법으로 인정되어 온 법 사회에서의 습관을 의미한다. 관습법은 성문으로 제정된 법이 아니므로 그 내용과 범위가 명백하지 않고, 그러므로 죄형법정주의에 반한다.[34]

나. 적용범위

법률주의 원칙에 따라서 구성요건을 창설하거나 형법과 보안처분을 가중하는 관습법은 금지된다. 다만 행위자에게 유리한 관습법은 적용을 허용할 수 있는가가 문제된다.

1) 인정성(통설): 행위자에게 유리한 관습법은 적용된다는 것이 통설이다. 예를 들어 구성요건을 축소하거나 형법규정을 폐지하는 것, 책임조각사유, 인적처벌조각사유, 위법성 조각사유등도 인정된다고 한다.[35]

2) 부정설: 다른 법과 달리 형법은 관습법의 법원성을 인정하는 규정이 없고, 피고인에게 유리한 관습법의 적용이란 사실상 존재하지 않는다는 견해이다.[36]

---

34) 이재상, 14면.
35) 이재상, 16면. 그러나 여기서 예로 들고 있는 것은 독일법원에서 인정되는 예로 우리나라에서 그대로 적용하는 것이 타당한지는 의문이다.
36) 박상기, 26면; 배종대, 76면.

3) 결어: 죄형법정주의 취지에 비추어 피고인에게 유리한 관습법은 인정할 수 있다고 하지만 결과적으로 간접적 법원성이 인정되는 것은 별론하고 직접적인 법원성을 인정하는 것은 죄형법정주의에 반한다고 본다.

4) 보충적 관습법(간접적 법원성)

가) 관습형법금지는 관습법을 직접적으로 형법의 법원으로 할수 없다는 직접적 법원성을 금지할 뿐이고, 형법 제18조의 부작위범에 대한 보증인지위, 20조의 정당행위에서 사회상규, 제184조의 수리방해죄에서 수리권을 해석할 때에는 해석의 자료로 삼을 수 있다는 의미에서 보충적 관습법 혹은 간접적 법원성이 인정된다.[37]

> **제18조(부작위범)** 위험의 발생을 방지할 의무가 있거나 자기의 행위로 인하여 위험발생의 원인을 야기한 자가 그 위험발생을 방지하지 아니한 때에는 그 발생된 결과에 의하여 처벌한다./보증인적 지위
>
> **제20조(정당행위)** 법령에 의한 행위 또는 업무로 인한 행위 기타 사회상규에 위배되지 아니하는 행위는 벌하지 아니한다.
>
> **제184조(수리방해)** 제방을 결궤하거나 수문을 파괴하거나 기타 방법으로 수리를 방해한 자는 5년 이하의 징역 또는 700만원 이하의 벌금에 처한다. <개정 1995.12.29.>

2. 소급효금지의 원칙

가. 의의

1) 범죄와 형벌은 사후입법으로 행위자에게 불리한 소급입법을 금지한다는 원칙은 물론, 법관이 법을 적용할 때 소급적용을 금지한다는 원칙(형법 제13조 제1항, 형법 제1조 1항)을 말한다.

2) 이는 형법규범에 대한 <u>예측가능성</u>과 법정안정성을 보호하여 국

---

37) 이재상, 16면에서 보충적 관습법이라고 하고 있지만 보충적이란 말은 규정이 없으면 직접적 법원성도 가능하다고 해석될 오해가 있어 '간접적 법원성'이라고 하는 것이 더 적절하다.

민의 신뢰를 보장하려는 법치국가이념과 책임주의원칙을 지키기 위해서이다.

나. 적용범위

1) 입법자의 자의로부터 개인의 자유와 권리를 보장하기 위해 행위자에게 불리한 소급입법을 금지한다.

2) 법관의 자의로부터 개인이 자유와 권리를 보장하기 위해 행위자에게 불리한 소급적용을 금지한다.

3) 따라서 행위자에게 유리한 법률의 소급적용은 허용된다(형법 제1조 제2항, 제3항).

4) 판례

게임산업진흥에 관한 법률 시행령 제18조의3의 시행일 이전에 행해진 게임머니의 환전 등 행위를 처벌하는 것이 형벌법규의 소급효금지 원칙에 반한다.[38]

3. 보안처분과 소급효금지의 원칙(형법상보호관찰이 소급효금지원칙)

> **제62조의2(보호관찰, 사회봉사·수강명령)** ① 형의 집행을 유예하는 경우에는 보호관찰을 받을 것을 명하거나 사회봉사 또는 수강을 명할 수 있다.
>
> ② 제1항의 규정에 의한 보호관찰의 기간은 집행을 유예한 기간으로 한다. 다만, 법원은 유예기간의 범위내에서 보호관찰기간을 정할 수 있다.
>
> ③ 사회봉사명령 또는 수강명령은 집행유예기간내에 이를 집행한다.
>
> [본조신설 1995.12.29]

* 97년 형법개정에서 성인에 대하여 집행유예기간에 보호관찰을 명하는 것이 가능한가?

학설: 소급효부정설

판례: 소급효긍정설/판례는 집행유예시 보호관찰에 대하여는 부정설, 가정폭력방집법상 사회봉사명령은 긍정설을 취함.

---

38) 대법원 2009. 4.23 선고 2008도11017.

> **보안처분의 소급효를 인정한 경우**
>
> 1. 신상정보의 공개 명령 및 고지명령제도: 성폭력범죄등에관한 특례법에서 소급효금지원칙에 반하지 않는다.
> 2. 전자감시제도는 부착명령기간을 연장하는 것은 소급효금지원칙에 반하지 않는다.

> **보안처분과 소급효를 부정하는 경우**
>
> 1. 가정폭력방지법상 사회봉사명령의 부과시간의 연장은 소급효금지원칙에 반한다.
> 2. 보호감호처분을 하는 것은 사회보호법상 소급효금지원칙에 반한다.

4. 소송법규정의 변경과 소급효금지원칙

- 소송법의 변경을 통하여 가벌성을 변경시키는 경우에 문제됨
  다수설은 소급효금지원칙 적용되지 않는다.
  다만, 제한적으로 금지되는데 진정소급효는 금지한다.
- 판례는 진정소급효의 경우에도 예외적으로 인정된다고 헌재와 대법원이 5.18특별법에서 인정함.

  <판례>1995년 외국환관리법위반사범에 대하여 공소시효 5년인데 97년 형소법개정을 통하여 외국도피기간을 공소시효정지한 것이 허용됨.

5. 판례변경

소급효부정설	다수설
소급효긍정설	선례구속의 원칙이 적용되는 법제하에서 인정/판례의 입장
금지의 착오원용설	형법 제16조, 판례는 법령이 아님

: 영미법계의 입장

- 전원합의체변경판례의 경우에만 문제된다.
- 소급효금지원칙이 문제되는 경우는 판례가 피고인에게 불리한 것으로 변경된 경우에만 문제된다.
  * 타인의 운전면허증을 사용한 경우: 과거판례는 공문서부정행사죄가 되지 않는다. 변경된 전원합의체는 공문서부정행사죄가 된다고 변경된 경우.

절충설(법발견행위:소급효인정/ 법창조활동: 소급효부정)

Ⅲ. 명확성의 원칙

1. 구성요건의 명확성
- 통찰력을 가진 일반인이 예측가능성이 있을 것(법관이 예측가능성이라는 견해있음)
- 구체화할 수 있는 가능성이 있으면 구체화할 것
- 법익보호의 가치가 무엇인가를 알 수 있을 것

2. 제재의 명확성
- 상대적 법정형은 명확성원칙에 반하지 않는다.
- 절대적 법정형인 여적죄는 사형을 규정하고 있어 구체적 타당성이 문제될 수 있다. 그러나 법관의 자유심증주의와 작량감경제도가 있어 문제될 것이 없다.

> **제93조(여적)** 적국과 합세하여 대한민국에 항적한 자는 사형에 처한다.

- 절대적 전단형(처벌한다고 규정만하고 구체적인 형벌의 범위가 없는 것)
- 선고형은 정기형을 부과하여야 한다.
- 부정기형은 금지된다.
* 부정기보안처분의 경우 절대적 부정기 보안처분은 허용여부가 문제됨
- 허용설(이재상교수): 종래 사회보호법상의 치료감호를 절대적 부정기형을 주장함 그러나 이러한 법은 위헌으로 폐지되고 치료감호법상 15년의 상한을 설정함.
- 불허용설(다수설).

> **제16조(치료감호의 내용)** ① 치료감호를 선고받은 자(이하 "피치료감호자"라 한다)에 대하여는 치료감호시설에 수용하여 치료를 위한 조치를 한다.

② 피치료감호자를 치료감호시설에 수용하는 기간은 다음 각 호의 구분에 따른 기간을 초과할 수 없다.

1. 제2조제1항제1호 및 제3호에 해당하는 자 : 15년

2. 제2조제1항제2호에 해당하는 자 : 2년

제2조(치료감호대상자) ① 이 법에서 "치료감호대상자"란 다음 각 호의 어느 하나에 해당하는 자로서 치료감호시설에서 치료를 받을 필요가 있고 재범의 위험성이 있는 자를 말한다. 〈개정 2014.12.30.〉

1. 「형법」 제10조제1항에 따라 벌할 수 없거나 같은 조 제2항에 따라 형이 감경(減輕)되는 심신장애인으로서 금고 이상의 형에 해당하는 죄를 지은 자

2. 마약·향정신성의약품·대마, 그 밖에 남용되거나 해독(害毒)을 끼칠 우려가 있는 물질이나 알코올을 식음(食飮)·섭취·흡입·흡연 또는 주입받는 습벽이 있거나 그에 중독된 자로서 금고 이상의 형에 해당하는 죄를 지은 자

3. 소아성기호증(小兒性嗜好症), 성적가학증(性的加虐症) 등 성적 성벽(性癖)이 있는 정신성적 장애인으로서 금고 이상의 형에 해당하는 성폭력범죄를 지은 자

③ 「특정 범죄자에 대한 보호관찰 및 전자장치 부착 등에 관한 법률」 제2조제3호의2에 따른 살인범죄(이하 "살인범죄"라 한다)를 저질러 치료감호를 선고받은 피치료감호자가 살인범죄를 다시 범할 위험성이 있고 계속 치료가 필요하다고 인정되는 경우에는 법원은 치료감호시설의 장의 신청에 따른 검사의 청구로 3회까지 매회 2년의 범위에서 제2항 각 호의 기간을 연장하는 결정을 할 수 있다. <신설 2013.7.30.>

④ 치료감호시설의 장은 정신건강의학과 등 전문의의 진단이나 감정을 받은 후 제3항의 신청을 하여야 한다. <신설 2013.7.30.>

⑤ 제3항에 따른 검사의 청구는 제2항 각 호의 기간 또는 제3항에 따라 연장된 기간이 종료하기 6개월 전까지 하여야 한다. <신설 2013.7.30.>

⑥ 제3항에 따른 법원의 결정은 제2항 각 호의 기간 또는 제3항에 따라 연장된 기간이 종료하기 3개월 전까지 하여야 한다. <신설 2013.7.30.>

⑦ 제3항의 결정에 대한 검사, 피치료감호자, 그 법정대리인의 항고와 재항고에 관하여는 「성폭력범죄자의 성충동 약물치료에 관한 법률」 제22조제5항부터 제11항까지의 규정을 준용하되, "성폭력 수형자"는 "피치료감호자"로 본다. <신설 2013.7.30.>

⑧ 제1항에 따른 치료감호시

<판례>

명확성원칙에 반하지 않는 판례

- 청소년보호법상 "풍기문란하게 하는 행위"
- 특정 구리 동 그 화합물
- 식품위생법 " 일반인의 입장에서 식품으로 사용하지 않는 것" 칡냉면가
  루사건(숯가루를 칡냉명가루로 사용)
- 유해화학물질관리법위반 유해화학물질흡입금지(본드의 흡입금지에 대하
  여 음주운전에 대하여 음주자체를 금지하지 않기 때문에 본드흡입자체
  를 금지하는 것은 명확하지 않다는 주장했으나 받아들이지 않음)
- 음란한 행위 라는 표현은 명확성원칙에 반하지 않는다.[39]: 즐거운 사라
  사건에서 음란성 인정

명확성원칙에 반하는 것

- 가정의례의 참뜻
- 아동의 덕성을 심해 해할 우려

IV. 유추해석금지의 원칙

1. 서설

가. 의의

1) 유추해석금지의 원칙이란 법률에 규정이 없는 사항에 대하여 법
   규의가능한 문언의 한계를 넘어 그것과 유사한 성질을 가지는
   사항에 관한 법률을 적용하는 것을 금지하는 원칙을 말한다.

2) 명확성의 원칙이 법률해석의 특면서서 유추해석의 금지를 요구
   한 것과 비교된다.

3) 법관에 의한 법형성 내지 법창조에 해당하기 때문에 이를 금지하
   여 법관의 자의로부터 개인의 자유와 인권을 보장하자는데 있다.

---

39) 저속은 명확성원칙에 반한다.

나. 적용법위

　1) 불리한 유추해석의 금지

　2) 유추해석이 허용되는 경우

　　가) 유리한 유추해석: 피고인에게 유리한 유추해석은 허용된다는 것이 통설이다.

　　나) 소송법규정은 절차법적인 규정으로 유추해석이 허용된다.

　　다) 민법적 관습법적 정당화 사유의 제한적 유추해석은 허용된다.

　　라) 타법영역에서 발전된 개념의 범위확장
　　　　예를 들어 양도담보의 문제가 타인의 재물이어서 횡령이나 손괴죄가 가능하다.[40]

3. 확장해석과 유추해석의 한계

가. 학설

　1) 구별설이 통설이다. 즉 확장해석은 허용되지만 유추해석은 허용되지 않는다.

　　가) 허용되는 확장해석에는 예를 들어 강도죄의 폭행에 마취약을 먹이는 것도 포함한다.

　　나) 허용되지 않는 유추해석은 예를 들어 자판기에 가짜 동전을 주입하여 공차로 기계부터 급부를 받은 것이 사기죄에 해당한다고 보는 것(편의시설부정이용죄(제348조의2))

　<판례>
　공선법 제254조 1항에서 가중적 구성요건을 규정하고/단서규정이 존재하고 (다른 법에 처벌규정이 있으면)
　제254조 2항에서는 단서규정이 없는 경우가 문제된다.
　– 상상적 경합의 경우 과형상 1죄이기 때문에 현저한 불균형이 없어 유추

---

40) 김일수/서보학, 72면.

적용이 필요없다는 것이 우리 법원의 태도

* 보호감호관련판례

원판결에서 징역형선고 형의 집행 중 대판에서 무죄판결을 받은 경우 형사
보상청구가능

 - 보호감호를 원판결에서 선고받은 경우에 대판에서 보호감호가 기각된 경우
   형사보상청구가 가능한가에서 형사보상법상 "형의 선고"받은 경우에 해당
   하지 않기 때문에 유추적용하여 형사보상을 우리 법원은 인정함.

* 과수원실화사건

 - 실화 형법 제170조: 2항에서 과실로 자기소유에 속하는 166조(일반건조
   물) 또는 167조(일반물건)에 기재한 물건을 소훼한 경우.... 대법원은 처
   벌하는 것이 허용된 해석이라고 함.

목적론적 축소해석#

* 공선법상 자수사건

 - 자수의 일반적 의미(범행발각전후를 불문하고 수사기관에 자수)는 임의
   적 감면

 - 공선법상 필요적 면제를 규정하고 있음/범행발각전으로 축소해석하는
   것은 가벌성의 범위를 확대하는 것으로 허용되지 않는다.

 - 공선법상 형면제사유의 제한적 유추적용하는 것은 금지된다.

* 영아살해죄의 주체에 대한 해석

* 선거운동원에게 교부한 것이 교부에 해당하는 것인가에 대하여 교부에
  해당한다고 해석하는 것이 허용된 해석이다.

* <u>선거운동원이 아무런 재량권이 없으면 교부가 아니다.</u>

* 구법에서 1,2를 구성요건으로 하다가 신법에서 1.2.3.으로 추가한 경우 3
  을 추가한 경우 구법의 해석에 포함하면 유추해석이다.

 - 문화재보호법상 국가지정문화재를 형상을 변경하면 처벌한다(종래에
   보호물 보호구역에서 개정을 통하여 천연기념물중 죽은 것을 포함한
   다고 개정한 경우).

 - 죽은 소쩍새사건(죽은 천연기념물은 구법상 적용될 수 없다).

- 전통사찰보존법에서 전통사찰을 보호하기 위해여 당해사찰소유의 부동산을 처분제한에 신법에서 당해사찰소유와 대표단체의 소유를 포함된 경우

그런데) 우리 형법상 컴퓨터등사용사기(허위정보입력,부정한 명령을 입력하여 재산상 이익을 취득한 경우 처벌한다는 구법/현행법은 권한없이 정보를 입력변경하는 행위..): 포함되는 경우로 해석하는 것의 태도를 취함

- 유추해석에 해당하지 않는다는 판례와 달리 학설은 비판
- 정보와 명령을 구분하지 않은 잘못이 있다는 비판
- 국가지정문화재, 시도지정문화재 처벌을 규정하고 있는데 가지정문화재의 경우에는 유추해석에 해당한다.
- 공정증서원본부실기재죄에 정본이 포함되는가에 대하여 정본은 포함되지 않는다.
- 백소령사건에서 군용물분실죄(초소초병이..빌려준 것이 분실에 해당하지 않는다)[41]
- 주민등록번호 허위의 주민번호 생성(이미 생성된 번호사용은 포함안됨)
- 조합선거: 선거일공고일전에 금품제공하는 것이 조합원선거에서 선거일공고인전에는 선거인으로 볼 수 없다.
- 18조 3항에서 공선법위반죄만으로 분리 심리한다.(형법상 1과 공선법 2의 경합에서 2만으로 적용)
- 농협협동조합임원선거에서 공선법상 분리심리를 적용하여 분리심리할 수 없다.
- 임원이 되고자 하는 자는 호별방문죄는 임원이 되려는 자가 직접 방문한 경우만
- 상관면전모욕죄
- 전기통신기본법상 음란물을 공연전시하면 처벌한다규정함./ 다른 음란사이트를 링크한 경우(초기화면만을 연결 혹은 타 사이트의 문서도화를 직접연결할 수 있게 함) 공연전시로 봄/ 바로가기 아이콘도 전시

---

41) 법적성질은 과실범이다.

로 봄.
- 일종의 카드깡에서 실제로 매출한 경우에는 처벌할 수 없고 매출금액을 가상하거나 초과한 경우만 처벌
- 도로교통법상 운전은 고의범: 차에서 술을 먹고 자다가 사이드를 건드려 움직인 경우 운전에 해당하지 않는다.
- 특가법상 도주차량운전죄:
- 연습면허를 갖고 도로주행 중 사고가 난 경우 무면허 운전이라고 할 수 없다.
- 자동차운수사업법과 관련하여 승용.승합자동차를 유상으로 여객을 운송하는 경우에 처벌된다. 따라서 화물자동차는 적용대상이 아니다.
- 복제, 공연, 방송, 전시 처벌에서 배포는 포함되지 않는다.
- 아동복지법관련 판례: 12살과 포르노테이프를 보다 성관계를 가짐/8년간 지속됨 형법상 미성년자의제강간죄치상죄가 성립/ 학대죄로 공소제기한 사건에서 학대죄를 부정하는 것이 판례에 해당한다./아동복지법위반(18세미만에게 음행을 시키는 행위)을 문제삼았는데 제3자와 성관계를 맺게 하는 것을 의미한다고 본 것이기 때문에 음행을 시킨 것으로 볼 수 없다고 판결함.
- 성폭력특별법상 장애인강간의 경우: 구법에서 장애란 신체장애로 인하여라고 규정하고 있는데 신체장애에 정신장애를 포함할 수 있는가에 대하여 포함될 수 없다.
- 은행등에서 국가의 세금을 받아 주는 등 은행직원을 공무원으로 보지 않음
- <u>병역법위반에서 문신사건: 병역법위반으로 신체손상행위를 처벌하는데 문신을 신체손상으로 판례로 인정함. 이 신체손상과 형법상 상해가 동일한가에 대하여 동일하게 해석할 이유가 없다고 보았다.</u>
- 후보자가 직접 명함을 주는 행위는 허용된다. 그런데 큰 아파트에서 우편함에 넣어두는 행위는 직접준 행위에 해당하지 않는다고 해석함.
- 홈페이지 후보자와 후보자가 되려는 자가 아닌 일반인이 선거에 영향을 미치는 행위는 공선법위반에 해당한다.

- 전화벨소리만으로는 정보통신법위반으로 볼 수 없다.
- 흑염소에 양이 포함되는가에 대하여 축산물가공처리법상 적용될 수 없다.
- 우리 형법 제62조의 2에서 집행유예를 선고하면서 보호관찰을 명하거나 사회봉사 또는 수강을 명할 수 있다에서 전부를 부과하는 것이 허용된 해석이다.
- 자동차를 이용하여 공무집행방해하고 상해의 고의가 있는 경우
  판례)는 특수공무집행방해치상 + 상해죄의 상상적 경합
  위험한 물건으로 보지 않으면 공무집행방해+상해죄의 상상적 경합.
- 구 병역법 제2조 제1항 제5호가 범행주체로 규정하고 있는 '고용주'에 사기업체의 대표이사가 아닌 실제 경영자가 포함되는 것으로 해석하는 것이 유추해석금지 등 죄형법정주의의 원칙에 위배된다.(대법원 2009. 12.10. 선고 2008도1191 판결).

[실질적의미의 죄형법정주의원칙의 내용인 적정성의 원칙]
- 적정성의 원칙을 죄형법정주의 내용으로 본다는 견해가 다수설
- 반국가행위자에게 출두에 불응한 경우 전재산 몰수하는 조치
- 특가법위반에서 도주차량운전죄가 살인죄보다 무거운 것은 적정하지 못하다.
- 중상해보다 무거운 것은 합헌
- 강도상해(7년이상)가 살해보다 무거운 것은 법정형의 최저가 무거운 것은 합헌

<죄형법정주의관련최신판례>
① 공직후보자의 배우자 소유의 재산에 대한 허위 신고 및 공개 행위를 처벌 대상으로 삼는다고 하여 이를 헌법이 정한 형사상 자기책임원칙,죄형법정주의를 위반하는 것이라고 볼 수 없다.[42]
② 지방교육자치에 관한 법률 제22조 제3항에서 "교육감 선거에 관하여 이

---

42) 대법원 2009. 10. 29. 선고 2009도5945.

법에 정한 것을 제외하고는 그 성질에 반하지 않는 범위 안에서 공직선거법의 시·도지사선거에 관한 규정을 준용한다.”고 정한 것이 죄형법정주의가 요구하는 명확성의 원칙에 위반된다고 볼 수 없다.[43]

③ 모의총포의 소지를 처벌하는 규정인 ‘총포·도검·화약류 등 단속법’에서 모의총포란 ‘총포는 아니지만 총포와 같은 위협 수단이 될 수 있을 정도로총포와 모양이 매우 유사하여 충분히 범죄에 악용될 소지가 있거나(모양의 유사성) 총포와 같이 인명이나 신체에 충분히 위해를 가할 정도의성능을 갖춘 것(기능의 유사성)’이라고 충분히 예측할 수 있는 점을 고려하면, 포괄위임입법 금지의 원칙이나 죄형법정주 의의 명확성 원칙에 위배되어 청구인들의 기본권을 침해한다고 볼 수 없다.[44]

- 미성년자의제강간, 강제추행죄의 장에 미수를 처벌하는 규정이 없어도, 강간죄, 강제추행죄의 예에 따른 다는 규정에 따라서 법정형과 미수범을 처벌할 수 있다.
- 다른 지역에서 출생하여 키우다. 횡성에서 2개월 미만으로 키웠다고 하여 원산지를 위반한 것이라고 볼 수 없다.
- 상관을 살해한 경우 사형만을 유일한 법정형으로 규정하고 있는 군형법(1962. 1. 20. 법률 제1003호로 제정된 것) 제53조 제1항 (이하 ‘이 사건 법률조항’이라 한다)이 형벌과 책임 간의 비례원칙에 위배된다(헌법재판소 2007. 11. 29. 자 2006헌가13 결정)
- 특수강도강간죄와 특수강도강제추행죄의 법정형을 동일하게 규정하고 있는 성폭력범죄의 처벌 및 피해자보호 등에 관한 법률 제5조 제2항 이 비례성의 원칙, 형벌의 체계 정당성, 평등의 원칙 등에 어긋나거나 공정한 재판을 받을 권리를 침해하지 않는다(대법원 2007. 2. 8. 선고 2006도7882 판결).

---

43) 대법원 2009. 10. 29. 선고 2009도5945.
44) 헌법재판소 2009. 9. 24. 선고 2007헌마949.

제4절 형법의 적용범위

Ⅰ. 형법의 시간적 적용범위

> **제1조 (범죄의 성립과 처벌)**
> ① 범죄의 성립과 처벌은 행위시의 법률에 의한다.
> ② 범죄후 법률의 변경에 의하여 그 행위가 범죄를 구성하지 아니하거나 형이 구법보다 경한 때에는 신법에 의한다.
> ③ 재판확정후 법률의 변경에 의하여 그 행위가 범죄를 구성하지 아니하는 때에는 형의 집행을 면제한다.

1. 의의

형법의 시간적 적용범위란 행위시와 재판시에 법률의 변경이 있는 경우에 신법과 구법 중 어느 법률을 적용할 것인가의 문제이다.

2. 입법주의

가. 행위시법(구법)의 추급효를 인정하는 행위시법주의: 사후입법금지원칙과 죄형법정주의 원칙을 근거로 든다.

나. 재판시법(신법)의 소급효를 인정하는 재판시법주의:신법이 구법보다 진보적이며 형법이 재판규범임을 근거로 한다.

다. 우리 형법은 원칙적으로 행위시법주의를 취하면서 재판시에 법령이 변경되어 처벌되지 않거나 경하게 변경된 경우에는 재판시법주의를 취한다.(형법 제1조)

3. 시간적 적용범위에 대한 구체적인 접근

가. 원칙은 행위시법주의를 취하고 있다.(형법제1조 1항)

  1) 의의

    우리 형법이 행위시법주의를 취하고 있는 이유는 사후입법에 의한 처벌이나 형의 가중을 금지하는 죄형법정주의의 핵심적인 내용인 소급효금지의 원칙 때문이다.

2) 행위시의 결정방법

　가) 행위시란 "범죄행위(실행행위)를 종료시"를 의미하고, 실행행위 이후의 결과 발생 및 객관적 처벌조건은 행위시를 결정하는 기준이 아니다.[45]

　나) 실행행위가 행위시법과 재판시법에 걸쳐서 행해진 포괄일죄의 경우 범죄의 실행행위 종료시법을 적용하면 되기 때문에 신법을 적용하여 포괄일죄로 처단한다.[46]

　*&*특경가법이 증권거래법위반의 경우/ 상습사기의 경우 포괄일죄임에도 불구하고 개정후 금액이 문제된 경우에만 적용한다.

3) 법률의 의미

　가) 행위시의 법률은 실행행위의 종료시에 유효한 법률을 말한다.

　나) 시행령이 없는 경우 법률이 있으면 된다.

<판례>

법률이 제정, 공포될 경우에는 특례규정이 없는 한 모든 국민에게 당연히 그 효력이 미치고 그 법률에 따른 시행령이 있어야만 효력이 있는 것은 아니며 골재채취법 제49조 제5호는 같은 법 제25조 본문에 의하여 허가내용의 변경에 대한 승인을 얻지 아니하고 허가받은 내용을 변경하여 골재를 채취한자를 처벌하려는 것이므로, 같은 법 제25조 단서에 의하여 변경승인을 요하지 아니하는 경미한 신고사항을 정할 것을 위임받은 대통령령이 시행되기 전이

---

45) 범죄의 성립과 처벌은 행위시의 법률에 의한다고 할 때의 "행위시"라 함은 **범죄행위의 종료시**를 의미한다(대법원 1994.5.10. 선고 94도563 판결).

46) 포괄일죄로 되는 개개의 범죄행위가 법 개정의 전후에 걸쳐서 행하여진 경우에는 신·구법의 법정형에 대한 경중을 비교하여 볼 필요도 없이 범죄 실행 종료시의 법이라고 할 수 있는 신법을 적용하여 포괄일죄로 처단하여야 한다(대법원 1998. 2. 24. 선고 97도183 판결). (잘못된 판결)일반적으로 계속범의 경우 실행행위가 종료되는 시점에서의 법률이 적용되어야 할 것이나, 법률이 개정되면서 그 부칙에서 '개정된 법 시행 전의 행위에 대한 벌칙의 적용에 있어서는 종전의 규정에 의한다'는 경과규정을 두고 있는 경우 개정된 법이 시행되기 전의 행위에 대해서는 개정 전의 법을, 그 이후의 행위에 대해서는 개정된 법을 각각 적용하여야 한다(대법원 2001. 9. 25. 선고 2001도3990 판결).

라고 하더라도, 변경승인 없이 임의로 허가내용을 변경하여 골재를 채취하는 행위는 같은 법 제49조 제5호에 의하여 처벌할 수 있다(대법원 1995.4.25. 선고 94 도1379 판결).

<제1조 2항>

범죄후(실행행위종료시): 결과발생을 불문

법률의 변경

- 총체적 법상태(형법에 한하지 않는다)
- **형이 경중을 따질 때 법정형을 기준함.**[47]
- 가장 중한형만을 기준/ 중한형이 동일하면 부가형/ 또는 선택형/
- 법정형이 선택형이면 징역 또는 벌금으로 된 경우 중한 것으로 우선 판단
- 1년이하의 경우 > 1년 이하 또는 벌금형이 선택형으로 들어온 경우 경하게 변경
- 절도죄가 현재 6년 이하에서 7년으로 개정하면서 누범을 장기 두배에서 장기 2분의 1로 가중한 경우 10년 6월로 된 경우 가중 감경사유가 있으면 다 고려한다.
- (형법제37조) 판결이 확정되지 아니한 수개의 죄 또는 금고 이상의 형에 처한 판결이 확정된 죄와 그 판결확정 전에 범한 죄를 경합범으로 한다.
- 범죄후 법률의 개정에 의하여 법정형이 가벼워진 경우에는 형법 제1조에 의하여 당해 범죄사실에 적용될 가벼운 법정형(신법의 법정형)이 공소시효기간의 기준으로 된다(대법원 1987.12.22. 선고 87도84 판결).
- 비범죄화하면 면소판결(형소 326조)
- 중간시법등이 있는 경우 전부 비교해서 판단함.
- **헌법재판소 위헌결정으로 범죄로 해당하지 않는 경우는 무죄라고 판례가 있다.**

---

47) 형의 경중의 비교는 원칙적으로 법정형을 표준으로 할 것이고 처단형이나 선고 형에 의할 것이 아니며, 법정형의 경중을 비교함에 있어서 법정형 중 병과형 또는 선택형이 있을 때에는 이 중 가장 중한 형을 기준으로 하여 다른 형과 경중을 정하는 것이 원칙이다(대법원 1992.11.13. 선고 92도2194 판결).

> – 헌법불합치 결정의 경우 개정시한이 도과한 경우 다수의견은 무죄판결/ 소수의견은 면소판결이 성립한다.

- **##부칙에서 행위시법을 적용하여도 문제가 없다./경과규정을 두면 그에 따른다.**

** 우리 판례는 동기설을 취함? /독일은 추급효인정하는 명문의 규정이 있어 동기설이 의미를 가지고 있다. 그러나 우리나라는 아니다./ 동기설은 형법규범의 본질에 관한 문제에서 출발한다. 다시 말해서 법규범은 어떤 행위가 사회윤리적으로 무가치하다는 판단에서 만들어진 것이다.

** 동기설의 법규범본질론에 기초하여 평가규범성을 판단/ 목적론적축소해석으로 가벌성의 확대문제가 있다.

- 동기설은 모든 법률문제에서 일반적인 해석기준이다. 그런데 종래는 한시법에서만 적용된다고 본 잘못이 있었다. 그러나 지금은 아니다.

〈사실관계변경〉

- 계엄포고령[48)
- 부동산등기특별조치법의 폐지
- 한국전기공사법으로 한전을 법률정책변경으로 정부투자기업에서 제외한 것(공기업민영화)
- 식품위생법 단란주점 시간 변경(시간제한변경)은 사실관계의 변경이다.[49)

---

48) 계엄은 국가비상사태에 당하여 병력으로써 국가의 안전과 공공의 안녕질서를 유지할 필요가 있을 때에 선포되고 평상상태로 회복되었을 때에 해제하는 것으로서 계엄령의 해제는 사태의 호전에 따른 조치이고 계엄령은 부당하다는 반성적 고찰에서 나온 조치는 아니므로 계엄이 해제되었다고 하여 계엄하에서 행해진 위반행위의 가벌성이 소멸된다고는 볼 수 없는 것으로서 계엄기간중의 계엄포고위반의 죄는 계엄해제후에도 행위당시의 법령에 따라 처벌되어야 하고 계엄의 해제를 범죄후 법령의 개폐로 형이 폐지된 경우와 같이 볼 수 없다(대법원 1985.5.28. 선고 81도1045 전원합의체 판결).
49) 비판많음.

- 지정차로제도가 변경된 것
- 식품공전에 황색4호,청색4호 등의 사용금지시켰다가 제조기술의 발달로 보아 사실의 변경
- 식품위생법이 냉동감자의 유통기한을 변경된 경우는 사실의 변화
- 유자차성분배합기준변경
- 건강식품안전성 제고
- 비업무용차량의 정기점검기간에 대한 변경이 자동차 제조기술의 발달로 인한 사실의 변화
- 건설업법 건설업법적용을 받지 않는 것3천만원 미만의 경우에는 신고하지 않아도 되는 것(경제적 사실관계의 변화)
- <u>**운전자의 부당요금징수를 처벌대상에서 제외된 것(비판됨).**</u>
- <u>**부동산 중개업자 보조원 5인 이상 고용금지를 위반한 경우 고용을 폐지한 것은 사실관계의 변경(IMF사정)**</u>
- 외환관리법상 해외여행에서 휴대금액의 변경(화폐가치라는 금전적경제적 변경)

& 과거의 법률이 잘못된 경우(법적견해의 변경):법률이념의 변천으로

& 사실관계가 바꿔서 사회현상에 대처하기 위한 법(사실관계의 변경): 1조 2항의 변경으로 보지 않는 다는 것이 판례이다.

* 자의적인 재판의 가능성/권력분립을 위반/ 추급효인정설을 따른 것/

- 기밀유지법에서 기밀의 시한이 30년인데 29년쯤에 누설하고 31년에 재판을 받는 것은 법률의 변경이 아니다.
- 세율의 변경이 있어도 이는 법률의 변경에 해당하지 않는다. 형이 변경되지 않은 것에 해당하므로

<법률관계변경>
- 형법과 특별형법의 변경은 무조건 법적견해변경으로 본다.(특경가법상 처벌금액의 변경은 경제적 사정인데 법적견해변경으로 본다는 비판).
- 공선법상 허위학력기재를 완화한 것은 반성적 고려
- <u>**자동차관리법이 자동차폐차시 기능성장치 재활용하는 것이 법적 견해**</u>

변경이다.

- 구청소년보호법(미성년자보호법)에서 청소년의 출입을 금지하였지만/ 이성혼숙의 경우 금지하겠지만 고용만을 금지로 바꿈
- 축산물가공처리법상 "개"를 제외하는 것은 법적사정의 변경(비판)
- 정당한 사유없이 민소법상 재산 명시신청 위반한 경우 형벌법규를 처벌한 것은 형법의 보충성에 반한다. 따라서 이를 변경하는 것은 법적견해 변경
- 행정단속법규 위반으로 사실심에서 유죄판결이 선고된 후 법령개정으로 당해 위반행위의 대상품목이 동법의 단속대상에서 제외된 것이 형사소송법 제383조 제2호 "판결후 형의 폐지"가 있는 경우에 해당된다.50)

〈개정법률의 시행전에 다시 개정된 경우〉: 법령의 변경에 해당하지 않음 위 제51조 제6호, 제47조 제1항이 1992.12.8. 법률 제4530호로 개정되어(시행일은 1993.3.1.) 개정 전의 법률이 처벌대상으로 삼았던 "사위 기타 부정한 방법으로 위 법에 의하여 건설, 공급되는 주택을 공급받거나 공급받게 하는" 행위를 처벌대상에서 제외하였으나, 위 개정법률은 시행되기 전인 1993.2.24. 법률 제4540호로 다시 개정되어(시행일은 1993.3.1.) "사위 기타 부정한 방법으로 위 법에 의하여 건설, 공급되는 주택을 공급받거나 공급받게 하는" 행위를 다시 처벌대상에 포함시켰으므로 피고인이 부정한 방법으로 주택을 공급받았다는 범죄사실은 범죄 후 법령이 변경된 경우에 해당된다고 볼 수 없다 (대법원 1994.1.14. 선고 93도2579 판결).

외국환관리규정의 개정으로 인하여 거주자의 집중의무의 면제범위가 확대되었다고 하여도 이는 범죄후 법률의 변경에 의하여 그 집중의무위반의 범죄

---

50) 식육점 경영자가 사전검사를 받지 않고 견육을 판매목적으로 진열한 행위는 행위시법에 따르면 축산물가공처리법 위반행위가 되나 원심에서 유죄판결이 선고된 후 동법시행규칙 개정으로 "개"에 대하여는 동법의 적용을 받지 않게 되었고 이는 이와 같은 경우를 처벌대상으로 삼은 종전 조처가 부당하다는데서 온 반성적 조처로 볼 것이므로 위 사유는 형사소송법 제383조 제2호의 판결 후 형의 폐지가 있는 때에 해당하며 또한 이건은 범죄후 법령개폐로 형이 폐지된 때에 해당되어 같은법 제326조 제4호에 정한 면소사유가 된다(대법원 1979.2.27. 선고 78도1690 판결).

행위가 범죄를 구성하지 않게 되거나 형이 가볍게 된 경우에 해당하는 것이 아니므로 **형법 제1조 제2항이 적용될 여지가 없다(대법원 1989,5,23, 선고 89도570 판결),**

범죄후 법령의 개폐로 그 형이 폐지되었을 경우에는 실체적 재판을 하기 전에 면소 판결을 하여야 한다(대법원 1969.12.30. 선고 69도2018 판결).

행위시와 재판시 사이에 수차 법령의 변경이 있는 경우에는 이 점에 관한 당사자의 주장이 없더라도 본조 제2항에 의하여 직권으로 행위시법과 제1, 2심판시법의 세가지 규정에 의한 형의 경중을 비교하여 그중 가장 형이 경한 법규정을 적용하여 심판하여야 한다(대법원 1968.12.17. 선고 68도1324 판결).

<한시법의 개념>
- 협의설: 명문의 규정에 의하여 한시법으로 정해진 협의의 한시법이라는 견해
- 중간설(이재상교수): 광의설로보면서 법적견해실효는 한시법 아니고 사실관계는 한시법으로 본다.
- 광의설: 사실상의 한시법(임시법/조치법)

<한시법의 추급효를 인정할 수 있나?: 명문의 규정이 없는 경우>
- 추급효인정설
- 추급효부정설(다수설): 죄형법정주의위배/유추해석이다/
- 동기설

3. 백지형법과 보충규범
가. 백지형법의 의의
1) 백지형법이란 일정한 형벌만을 규정하고 그 형벌의 전제가 되는 구성요건 전부 또는 일부의 내용을 다른 법령에 위임하여 다른 법령에 의하여 보충할 것이 요구되는 형벌법규를 말한다(예를 들

어 형법 제12조 중립명령위반죄, 경제통제법령에서의 고시, 환경
범죄단속에 관한 특별조치법 제2조).
2) 보충규범이란 백지형법의 공백을 보충하는 규범을 말한다.

나. 문제점
1) 백지형법은 변경없이 보충규범만의 변경이 형법 제1조 제2항에
서 말하는 법률의 변경인가?
2) 보충규범의 개폐가 법률의 변경에 해당한다면 보충규범도 한시
법으로 볼 수 있는가?
3) 한시법으로 보는 경우에 그 추급효를 인정할 것인가?

다. 보충규범의 변경이 1조 2항의 법률변경에 해당하는가?
1) 견해의 대립
가) 소극설(전면적 처벌설)
전문성과 기술성이 요구되는 분야에서 백지형법의 실효성을
확보하기 위하여 보충규범을 두어 형벌의 전제가 되는 구성
요건의 전부 또는 일부를 위임하고 있으므로 이는 구성요건
의 내용의 변경에 불과하고 형벌규정이 실효하는 것이 아니
기 때문에 1조2항의 법률변경에 해당하지 않는다.[51]
나) 적극설(전면적 면소설)
보충규범도 상위규범과 합하여 전체로서 형벌법규를 이루고,
범죄의 성립과 처벌은 구성요건과 형벌을 분리하여 논할 수
없기 때문에 보충규범의 개폐도 법률의 변경에 해당한다.[52]
다) 절충설(구분설)
– 보충규범의 개폐가 구성요건 자체를 정하는 법규의 개폐
에 해당할 때에는 법률의 변경에 해당하나. 단순히 구성

---

51) 염정철,169; 진계호,102; 황산덕, 34. 이 견해는 추급효를 인정하는 견해를 취하여 제1
조 1항의 행위시법으로 처벌된다고 한다.
52) 김일수/서보학, 박상기, 배종대, 손동권, 이형국, 정성근/박광민,

요건에 해당하는 사실면에 있어서 법규의 변경에 해당하는 경우에는 때에는 법률의 변경이 아니라는 견해[53]

2) 판례의 입장

동기설을 취하고 있다.

3) 검토

적극설이 타당하다.

라. 보충규범이 법률변경에 해당한다면 보충규범도 한시법인가?

1) 한시법을 협의로 파악하는 견해[54]: 기간의 정함이 없으므로 한시법으로 볼 수 없다.

2) 한시법을 광의로 파악하는 견해: 광의의 한시법으로 보면 한시법으로 볼 수 있다.

*** 백지형법은 모두 한시법이라 할 수 없다.**

마. 보충규범을 한시법으로 본다면 추급효를 인정할 것인가.

부정설,긍정설, 동기설이 대립한다. 추급효부정설에 따르면 형사소송법 제326조 제4호에 의해 면소판결을 해야 한다.

– 판례는 동기설을 취한다.(중립명령의 폐지 이유를 가려서 판단)

Ⅱ. 장소적 적용범위

> **제2조(국내범)** 본법은 대한민국영역내에서 죄를 범한 내국인과 외국인에게 적용한다.
>
> **제3조(내국인의 국외범)** 본법은 대한민국영역외에서 죄를 범한 내국인에게 적용한다.
>
> **제4조(국외에 있는 내국선박 등에서 외국인이 범한 죄)** 본법은 대한민국영역외에 있는 대한민국의 선박 또는 항공기내에서 죄를 범한 외국인에게 적용한다.
>
> **제5조(외국인의 국외범)** 본법은 대한민국영역외에서 다음에 기재한 죄를 범한 외국인에게 적용한다.

---

53) 강구진, 남흥우, 형총, 59면.
54) 협의의 한시법은 기간의 정함이 있는 것

1. 내란의 죄

2. 외환의 죄

3. 국기에 관한 죄

4. 통화에 관한 죄

5. 유가증권, 우표와 인지에 관한 죄

6. 문서에 관한 죄중 제225조 내지 제230조

7. 인장에 관한 죄중 제238조

제6조(대한민국과 대한민국국민에 대한 국외범) 본법은 대한민국영역외에서 대한민국 또는 대한민국국민에 대하여 전조에 기재한 이외의 죄를 범한 외국인에게 적용한다. 단 행위지의 법률에 의하여 범죄를 구성하지 아니하거나 소추 또는 형의 집행을 면제할 경우에는 예외로 한다.

제7조(외국에서 받은 형의 집행) 범죄에 의하여 외국에서 형의 전부 또는 일부의 집행을 받은 자에 대하여는 형을 감경 또는 면제할 수 있다.

제8조(총칙의 적용) 본법 총칙은 타법령에 정한 죄에 적용한다. 단, 그 법령에 특별한 규정이 있는 때에는 예외로 한다.

1. 개설

2. 입법주의

　가. 속지주의(2조) 죄를 범한은 범죄성립의 일부가 이루어진 경우/ 공모지도 우리법

　　- 속지주의는 국가주권사상과 소송경제, 실체적 진실발견과 정의에 합치한다는 장점

　　- 국외에 발생한 내국인의 범죄 혹은 법익침해에 대한 형벌권행사가 곤란하고 범죄의 확정에 어려움을 겪을 수 있다.

　나. 속인주의(3조)

　　1) 적극적 속인주의와 소극적 속인주의

　　　- 자국민이 범한 모든 범죄에 적용/자국민이 범한 자국 또는 자국민에 대한 법익침해만 적용(소극)/ 속인주의는 적극적 속인주의를 의미한다.

- 미문화원방화사건

　　**기국주의(4조)는 속지주의의 변형이다.

다. 보호주의:
- 5조 국가보호주의: 절대적 보호주의

> - 중국인이 중국에서 경기도 경찰청 문서 위조한 것
> * 중국인이 중국에서 대한민국의 회사의 인장을 위조한 경우(사인장 위조)는 재판권이 없다고 봄[55]: 비판이 많음

- 6조는 국민보호주의: 상대적 보호주의

라. 세계주의
- 반인도적 범죄/ 국제사회연대성의 표현/ 총칙에는 없다.

3. 우리형법의 태도

가. 속지주의원칙

예) 캐나다국적의 피고인이 북한의 지령을 받고 일본, 중국을 경유하여 북한에 입국하여 북한의 지령을 받은 경우(송두율사건을 계기로 판례가 변경됨)/

- 외국인이 대한민국공무원에게 알선수뢰한 경우 알선장소가 외국이라도 대한민국에서 금품수수가 이루어진 경우 대한민국법

- 간통죄를 처벌하지 않는 국가의 국적을 가진 외국인이 국내에서 벌어진 배우자의 간통행위에 대하여 고소권은 속지주의 원칙에 의하여 가진다고 본 판례(대법원 2008. 12. 11. 선고 2008도3656)[56]

---

55) 국민의 요건 자연인/형법으로 보호할 가치가 있기 때문에 처벌해야 마땅하다. 6조를 적용해야 한다는 견해가 있음/형법 제239조 제1항의 사인위조죄는 형법 제6조의 대한민국 또는 대한민국국민에 대하여 범한 죄에 해당하지 아니하므로 중국 국적자가 중국에서 대한민국 국적 주식회사의 인장을 위조한 경우에는 외국인의 국외범으로서 그에 대하여 재판권이 없다(대법원 2002. 11. 26. 선고 2002도4929 판결).

56) 대법원 2008. 12. 11. 선고 2008도3656.

– 기국주의특례: 대한민국영역외(외국 또는 공해상)의 대한민국 선박 또는 항공기 내에서 죄를 범한 외국인에게 적용함.

나. 속인주의의 가미
– 내국인이 범한 국외범.
– 국적보유는 범죄행위시를 기준으로 판단함./북한주민도 내국인의 범주에 포함
– 외국공관의 경우 외교상특칙에 의하여 우리가 재판권을 행사하지 않고 형벌집행을 면제하는 지역이라고 본다.
– 도박죄를 처벌하지 않는 외국의 카지노에서 도박한 경우에도 속인주의원칙에 따라서 위법성이 조각되지 않는다.[57]
– 미문화원방화사건에 관한 판례[58]: 많은 비판이 있음

다. 보호주의에 의한 보충
– 5조 외국인의 국외범(국가보호주의)[59]/6조 개인보호주의와 상호주의
– 페스카마스호사건[60]: 해상강도살인과 사체유기의 경합범으로 처벌됨(형법6조의 보호주의)
– 송두율교수사건: 독일인이 독일 내에서 북한의 지령을 받아 베를

---

57) 대법원 2004. 4. 23. 선고 2002도2518./형법 제3조는 '본법은 대한민국 영역 외에서 죄를 범한 내국인에게 적용한다.'고 하여 형법의 적용 범위에 관한 속인주의를 규정하고 있는바, 필리핀국에서 카지노의 외국인 출입이 허용되어 있다 하여도, 형법 제3조에 따라, 필리핀국에서 도박을 한 피고인에게 우리 나라 형법이 당연히 적용된다(원 2001. 9. 25. 선고 99도3337).
58) 국제협정이나 관행에 의하여 대한민국내에 있는 미국문화원이 치외법권지역이고 그 곳을 미국영토의 연장으로 본다 하더라도 그 곳에서 죄를 범한 대한민국 국민에 대하여 우리 법원에 먼저 공소가 제기되고 미국이 자국의 재판권을 주장하지 않고 있는 이상 **속인주의를** 함께 채택하고 있는 우리나라의 재판권은 동인들에게도 당연히 미친다 할 것이며 미국문화원 측이 동인들에 대한 처벌을 바라지 않았다고 하여 그 재판권이 배제되는 것도 아니다(대법원 1986. 6. 24. 선고 86도403).
59) 외국인의 국외범에 대하여는 형법 제5조에 열거된 이외의 죄를 적용할 수 없음이 원칙이고 반공법 자체나 그밖의 법률에 이와 같은 외국인의 국외범에 대하여 반공법을 적용할 수 있는 근거를 찾아 볼 수 없다(대법원 1974.8.30. 선고 74도1668 판결).
60) 대법원 1997. 7. 25. 선고 97도1142.

린 주재 북한이익대표부를 방문하고 그곳에서 북한공작원을 만났다면 위 각 구성요건상 범죄지는 모두 독일이므로 이는 외국인의 국외범(**종래에는 속지주의 혹은 속인주의로 해결(97년판례)보호주의로 해결로 변경**)에 해당하여, 형법 제5조와 제6조에서 정한 요건에 해당하지 않는 이상 국가보안법 위반을 적용하여 처벌할 수 없다.[61]

- 조선족이 중국 북경시에 소재한 대한민국 영사관 내[62]에서 여권발급신청서를 위조한 행위(사문서위조)는 외국인의 국외범(보호주의)에 해당한다는 이유로 피고인에 대한 재판권이 없다.[63]

라. 세계주의

> **제296조의2(세계주의)** 제287조부터 제292조까지 및 제294조는 대한민국 영역 밖에서 죄를 범한 외국인에게도 적용한다. [본조신설 2013.4.5]

1) 종래의 논의를 입법론으로 해결
2) 판례
   중국민항기 납치사건에 대하여 세계주의를 적용이라는 견해도 있고, 속지주의를 적용한 견해도 있다.
   - 항공기 착륙지국의 재판권을 인정한 국제조약에 근거하여 우리나라에 재판권이 있다.

4. 외국에서 받은 형 집행의 효력

- 이중처벌의 가능성이 있기 때문에 **임의적 감면사유**로 규정함
- 3조의 속인주의로 인하여 외국의 속지주의와 우리나라의 속인지주의 충돌하는 것

---

61) 법원 2008.4.17. 선고 2004도4899 전원합의체 판결.
62) 중국 북경시에 소재한 대한민국 영사관 내부는 여전히 중국의 영토에 속할 뿐 이를 대한민국의 영토로서 그 영역에 해당한다고 볼 수 없을 뿐 아니라, 사문서위조죄가 형법 제6조의 대한민국 또는 대한민국 국민에 대하여 범한 죄에 해당하지 아니함은 명백하다(대법원 2006.9.22. 선고 2006도5010 판결).
63) 대법원 2006.9.22. 선고 2006도5010 판결.

<쟁점> 외국법원에서 대한민국 국민에게 몰수가 선고되었지만.

① 외국법원에서 몰수대상을 반환하였다(몰수물 외국 소재): 추징할 수 있다.

② 외국법원에 몰수된 경우: 추징할 수 없다.

Ⅲ. 인적 적용범위

1. 의의

 - 형법이 어떤 사람에게 적용되는가의 문제로 시간·장소적효력이 미
   치는 범위내의 모든 사람에게 적용된다.

2. 원칙

3. 예외

　가. 국내법상 예외

　　1) 대통령: 퇴직후 형사소추의 가능성은 남아 있다.

　　2) 국회의원

　나. 국제법상의 예외

　　1) 국제법상 외교적 특권에 의한 예외

　　2) 외국의 군대[64]

미합중국 군속의 경우 평시에는 우리 형법이 적용된다.

< 형벌이론의 이해>

형벌의 의미와 목적이 무엇인가에 대한 탐구를 하는 것이 형벌이론이다.

형벌이론에 대한 이해는 형법을 이성적이고 합목적적으로 발전시키기 위한
전제

---

64) 이에 대하여 조약이나 협정에 의하여 국내형사재판권을 행사할 수 있을 뿐이지 인적 적
용범위의 예외가 아니라는 견해가 있다(오영근, 88면; 임웅, 61면).

1. 절대적 형벌이론(응보이론)

　가. 응보이론: 형벌은 범죄에 대한 응보라는 입장

　　– 절대적 정의의 요구로 보는 정의이론, 속죄의 형태로 보는 속죄이론 등이 절대적 형법이론에 속한다.[65]

　　– 범죄자에게 동일혹은 동가치적 형벌을 부과하여 범죄에 대한 응분의 고통을 부과하는 것 그것이 형벌의 자기목적성이라 하고 이를 응보형주의라 한다.

　　– 탈리오의 법칙이 응보이론의 기초

　　– 칸트는 인간은 이성적 본성을 가진 목적 그자체로서 존재한다고 하면서 다른 인간을 위해 수단이 되는 것을 경계함

　　– 칸트는 '섬의 이론'에서 내일 지구의 종말이 온다고 해도 정의를 세우고 한사람의 범죄자도 반드시 처벌하는 것이 필요하다고 주장함

　　– 헤겔은 '법과 정의는 인간의 자유와 의지에 근거를 가져야 하며, 형벌의 목적을 예방에 두는 것은 마치 인간을 개처럼 취급하여 겁을 주기위해 몽둥이를 드는 행위가 유사하다는 비판을함.

　　– 응보형주의의 장점은 현실적인 설득력이 존재하고 인간의 존엄의 완전한 승인이 가능하며 책임주의 원칙을 준수할 수 있다는 점을 들고 있다. 이것은 인간의 자유의지의 존재를 전제하는 것이다.

---

65) 배종대, 형법총론, 21면 이하 참조

공직법입문
(민법의 이해)

〈민법의 학습방법〉

1. 의의

민법은 '민법'이라는 이름을 가진 법률, 즉 '민법전'을 의미하기도 하고, 사인간의 사적 생활관계를 규율하는 일반사법을 의미하기도 한다. 전자를 형식적 의미의 민법, 후자를 실질적 의미의 민법이라고 한다. 민법을 공부한다는 것은 실질적 민법의 의미·내용을 이해하여, 그것을 일상의 생활관계에 적용하는 것이다. 민법을 공부하는 이유는 사회생활에서 재산관계와 가족관계에 대한 법적 의미를 탐구함으로써 교양인으로서의 지식을 함양하거나 고도의 학문적 연구를 위한 것일 수도 있으나, 공직시험이나 취업·자격증 취득 등을 대비하기 위한 측면이 주요한 이유일 것이다.

2. 민법학습의 특징

민법은 개인 사이의 사적 생활관계를 규율하는 규범이므로, 우리의 일상생활이 민법이 관계하는 영역이다. 즉, 아침에 일어나서 학교로 등교할 때에 지하철이나 버스·택시를 타는 것이나, 편의점에서 물품을 구입하거나, 점심시간에 식당에서 식사를 하는 것이 모두 민법의 법률관계에 해당한다. 보통 우리가 특별히 의식하지 아니하고 사회생활을 영위하지만, 그러한 관계에는 법적인 의미에서 권리·의무가 발생하고, 그것을 이행하는 과정이 반복된다. 통상의 일상적인 생활관계는 법적인 분쟁이 발생하지 않지만, 이해관계가 대립하는 문제는 법적문제가 되어 분쟁이 발생하고, 이것을 해결하기 위하여 소송절차가 진행된다. 이러한 민법의 영역이 인간의 사회생활에서 중요한 의미를 가진다.

첫째, 민법은 형법·행정법 등과 달리 개인 사이의 관계를 규율하는 사법이므로, 우리의 일상생활 속에서 법적 관계를 탐구하여야 한다. 여행을 가면 여행계약의 의미를 학습하고, 전자상거래로 물건을 구입하면 매매와 전자상거래의 특징을 공부하고, 아파트를 매매하면 부동산 매매의 특징과 물권변동 및 부동산등기에 학습하여야 하며, 인기연예인이 혼인을 하면 약혼·혼인의 법적 성질을 이해하고, 아버지와 아들의 관계가 문제되면 친권관계를 공부하여야 한다. 이러한 생활관계를 유형화하여 공부하는 것을 '사례연습'이라고 하며, 이렇게 민법을 공부하면 그 이해의 폭이 깊어지고 암기는 자연스럽게 될 것이다.

둘째, 개인의 사회생활은 시간·지역·대상 등에 따라서 바뀌고, 이에 적용되는 민법의 내용도 변동될 수밖에 없다. 변동되는 민법의 내용을 잘 파악할 수 있는 것은 판례를 통한 사례의 공부이다. 판례는 실제적인 사회분쟁에 대한 것이므로 현실적으로 적용되는 민법의 모습을 엿볼 수 있고, 민사분쟁의 쟁점에 대한 대법원의 법적 견해를 알 수 있는 것으로, 살아있는 민법을 파악할 수 있는 지름길이다. 실제적인 문제를 다루고 있는 판례를 분석하는 것이 재미있고 흥미를 유발하는 민법의 공부방법이 될 것이다.

셋째, 민법의 기본이념은 개인의 존엄으로부터 도출되는 사적자치의 원칙이다. 사적자치는 자신의 법률관계는 그의 의사에 따라 자유롭게 형성할 수 있다는 의미이다. 즉, 법적 효과를 의욕하는 개인의 의사는 자기결정과 자기책임의 원칙에 따라 사법관계를 스스로 형성한다. 민법공부에서 법률의 규정보다 오히려 의사표시의 해석이 더 중요한 이유이다.

3. 민법의 공부방법

학문의 길에 왕도는 없다. 민법의 공부에도 시간과 노력을 들이지 않고 높은 점수를 취득할 수 있는 지름길을 존재하지 않는다. 민법공부는 체계적이고 지속적으로 이루어질 때에 더 좋은 효과가 나타날 수 있다. 즉, 민법의 기본개념을 이해하고, 교과서를 통한 민법의 체계를 세우고, 강의를 듣고 법제도의 상호관련성을 체계적으로 공부하여야 하며, 여기에 지속적인 노력이 필요할 것이다.

첫째, 기본개념을 이해하는 것이 민법공부의 출발점이다. 민법의 기본개념은 민법을 넘어서 법학의 기본개념이므로, 법학공부의 시작을 민법총칙으로 하는 것이 일반적이다. 민법의 기본개념은 법학공부에서 반복적으로 사용되는 것이므로, 정확하게 이해하고 암기하여야 한다.

둘째, 교과서를 읽고 이해하는 것이 민법공부의 기본이고 효율적인 방법이다. 교과서는 저자가 민법전과 다른 학자들의 견해를 바탕으로 민법에 대한 일정한 체계를 세우고 종합적으로 서술한 것이다. 교과서를 통하여 기본개념을 이해하고, 민법 전체의 체계를 세워야 한다. 다만, 교과서는 저자의 견해가 반영되어 있으므로, 하나의 교과서를 이해한 다음에 다른 교과서를 통하여 민법 전체의 체계를 세워야 할 것이다.

셋째, 강의를 통하여 민법을 이해하는 것이 중요하다. 강의를 통하여 무엇이 중요한 것인지를 알 수 있고, 관련되는 쟁점의 상호관련성을 이해할 수 있으며, 법을 바라보는 시각이나 올바른 삶에 대한 식견을 들을 수 있고, 여러 학자들의 다양한 견해를 접할 수 있다.[1]

넷째, 민법을 공부하는 것에는 일반적으로 순서와 경중이 있다. 민법은 하나의 체계를 이루고 있으므로, 총칙을 먼저 공부하고 물권법·채권법·가족법을 공부하는 것이 일반적인 순서이다. 그렇지만 현실적인 민사문제인 계약법을 먼저 공부하고 물권법·가족법을 공부할 수도 있을 것이다. 민법총칙을 처음으로 공부할 때에 그 개념과 체계를 이해하는 것에 어려움을 겪는 것이 통상적이지만, 물권법·채권법·가족법을 공부할 때에 총칙의 내용을 알고 있는 것이 많은 도움이 된다. 따라서 총칙을 기본적으로 이해하고, 물권법·채권법·가족법을 공부한 다음에, 다시 한번 민법의 기본체계를 규정하고 있는 민법총칙을 자세하고 정확하게 공부하는 것이 필요하다. 그렇게 하면 민법총칙에서 새로운 가치와 의미를 엿볼 수 있을 것이다.

다섯째, 민법은 방대한 분량으로 전체를 자세하게 이해한다는 것은 쉽지 않다. 선택형 시험을 준비하는 경우에는 기본개념을 정확하게 이해하고, 전체적으로 중요한 내용에 대하여 공부하여야 할 것이며, 논술형 시험을 대비하는 경우에는 논점이 되는 중요사항에 대하여 깊이 있는 학습을 하고, 특히 판례와 학설의 견해를 정확하게 이해하여야 할 것이다.

---

1) 양창수, 민법입문, 제6판, 박영사, 2016, 411-413면 참조.

제1장 ᅵ 민법총칙

제1절 민법서설

Ⅰ. 민법의 의의

인간이 공동생활을 영위하기 위하여 지켜야 하는 준칙이 사회규범이고, 사회규범에는 도덕·종교·관습·법 등이 있다. 법규범이 다른 사회규범과 구별되는 본질적인 차이는 일반적으로 국가권력에 의하여 강제되는 점에 있다고 설명한다. 민법은 실질적 의미에서는 민법전뿐만 아니라 민사관계에 관한 성문법규·관습법 등을 의미한다. 민법은 전체 법질서의 일부이며, 사인의 사적 생활관계를 규율하는 사법이고, 특정한 사람·장소·사항 등에 적용되는 것이 아닌 일반사법으로 권리·의무의 발생·변경·소멸 등을 직접 규율하는 실체법이다.

민법의 법원(法源)은 민사관계에 적용하여야 할 기준으로 법의 연원 또는 존재형식이라고 하며, 민법의 법원에 대하여 민법 제1조는 "민사에 관하여 법률에 규정이 없으면 관습법에 의하고 관습법이 없으면 조리에 의한다"고 규정하여, 성문법주의와 관습법의 보충성 및 조리의 법원성을 인정하고 있다.

Ⅱ. 민법의 기본원리

1. 민법의 기본원리

(1) 의의

민법은 단순한 법규의 집합이 아니라, 일정한 기본원리를 토대로 하여 체계적으로 편성된 것이다. 이러한 기본원리는 민법의 해석이나 그 흠결을 보충함에 그 준거가 된다.

(2) 두가지의 입장

1) 전통적 입장 : 개인주의·자유주의라는 사상적 배경하에서 근대민법은 소유권 절대, 사적자치 및 과실책임의 원칙이라는 3대원칙을 인정하였다. 현대민법에서는 자유인격과 공공복리를 최고원리로 하면서 그 실천원리로 신의성실·권리남용금지·거래안

전 등을 인정하며, 3대 원칙은 실천원리의 제약안에서 수정되어, 소유권 상대, 법률행위공정 및 무과실책임이 인정되는 것으로 수정되었다.

2) 새로운 경향 : 자기결정·자기책임의 원칙을 핵심내용으로 하는 사적자치의 원칙을 최고의 원리로 하고 그 내용으로 소유권 존중, 계약자유, 과실책임의 원칙을 인정한다. 사적자치의 제한원칙으로서 사회적 형평의 원칙을 인정하고, 파생원칙으로서 신뢰보호의 원칙 등을 인정한다.

2. 우리 민법의 기본원리

(1) 사적자치의 원칙

1) 근거 : 헌법 제10조와 민법 제105조에서 간접적으로 규정하고 있으며, 개인이 자기의 법률관계는 자기의 의사에 의하여 스스로 결정·형성하고(=자기결정), 자기의 의사활동의 결과에 대하여 책임(=자기책임)을 져야한다는 원칙이다.

2) 내용 : 법률행위자유의 원칙(=계약자유의 원칙), 소유권절대의 원칙, 과실책임의 원칙을 포함한다.

(2) 사회적 형평의 이념

1) 의의 : 경제적·사회적 불평등에 대하여 실질적 평등을 구현하고자 하는 이념으로 사적자치의 원칙을 제한하는 원칙이다.

2) 구체적 내용 : 계약자유·소유권절대·과실책임의 원칙이 사회적 형평의 이념에 의하여 수정되었다.

(3) 신뢰보호의 원칙

1) 의의 : 권리의 외관을 신뢰한 자를 보호함으로써 거래의 안전과 신속을 도모하는 원칙을 말한다. 게르만법에서 유래한다.

2) 내용 : 신의성실에 의한 신뢰보호와 표현대리·선의취득 등의 외관주의에 의한 보호 및 시효제도 등의 기존상태의 존중에 대한 보호가 있다.

Ⅲ. 민법의 적용·해석 및 효력

1. 법의 적용

법의 적용이란 구체적인 사안을 법규범에 적용하는 것을 말하며, 추상적인 법규범을 상위개념으로 하고, 구체적인 사안을 하위개념으로 하여 3단논법에 의하여 결론을 도출하는 것이다.

2. 법의 해석

(1) 의의

법의 해석이란 법규가 가지는 의미나 내용을 명백히 확정하는 것을 말한다. 법적용의 시점에서 판례·학설과 사회적·경제적·정치적 변동도 고려하여 법의 근본취지를 발견하는 것이다.

(2) 해석의 목표

법 해석의 목표는 법적안정성(法的安定性)을 저해하지 않는 범위 내에서 구체적타당성(具體的妥當性)을 발견하는 데에 두어야 할 것이다.

(3) 해석의 방법

법의 해석의 방법에는 국가기관에 의한 공적 구속력을 가지는 해석인 유권해석과 학자들의 학리·학설에 의한 학리해석이 있다. 학리해석의 방법에는 문리적·문법적 해석, 논리적·체계적 해석, 주관적·역사적 해석, 목적론적 해석이 있다.

(4) 해석의 기술

해석의 기술에는 확장해석과 축소해석, 반대해석과 유추해석, 물론해석, 보정해석 등이 있다.

3. 민법의 효력

(1) 시간적 효력

법률은 그 효력이 있는 때로부터 그 이후에 발생한 사실에 대하여 적용되는 것이 원칙이나, 민법 부칙 제2조는 "본법은 특별한 규정 있는 경우 외에는 본법 시행일 전의 사항에 대하여도 이를 적용한다."고 규정하여, 소급효를 인정하고 있으나, 부칙 제2조 단서에서 "그러나 이미 구법에 의하여 생긴 효력에는 영향을 미치지 아니한다."고 하여, 사실상 불소급의 원칙을 채택한 것으로 볼 수 있다.

(2) 대인적 효력

우리 국민에게 적용되며(속인주의), 우리 영토내에 있는 외국인에게도 적용된다(속지주의). 다만, 외국법과의 충돌을 방지하고, 외국적 요소가 있는 생활관계에 관하여 국제재판관할에 관한 원칙과 준거법을 정하는 국내법으로 '국제사법'이 있다.

(3) 장소적 효력

한반도와 부속도서에 대하여 그 효력이 미친다. 북한지역에 대한 민법의 효력은 규범성과 타당성은 있으나 실효성이 없다.

제2절 권리 · 의무

I. 법률관계

1. 의의

사람의 생활관계 중에서 법규범에 의하여 규율되는 생활관계를 법률관계라고 하며, 법률관계는 사람과 사람과의 관계(채권관계 · 친족관계)뿐만 아니라, 사람과 물건 기타 재화와의 관계(물권관계 · 무체재산관계) 또는 사람과 장소와의 관계(주소 · 영업소 · 사무소) 등으로 나타난다. 법률관계는 궁극적으로는 사람과 사람과의 관계, 즉 법에 의하여 구속되는 자와 법에 의하여 옹호 내지 비호되는 자와의 관계로 나타난다. 결국 법률관계는 권리 · 의무관계이다.

2. 호의관계

호의관계는 법률적 구속을 받으려는 의사가 없는 단순한 사교적인 관계이다. 호의관계는 사교적인 파티, 식사초대, 모임약속, 호의동승, 애기돌봄, 등으로 아무런 법률상의 문제를 발생시키지 않는 것이 원칙이나, 호의관계로 출발했더라도 손해가 발생한 경우에는 법률관계로 전환될 수 있다.

3. 법률관계의 변동

사람의 생활관계는 변동하므로, 법률관계도 변동한다. 법률관계의 변동은 권리·의무의 변동이며, 권리의 발생·변경·소멸이라는 현상으로 나타난다. 법률관계를 변동시키는 일정한 원인을 법률요건이라고 하고, 법률요건을 구성하는 개개의 사실을 법률사실이라고 한다. 법률요건이 성립되면, 법률효과로서 권리·의무가 발생·변경·소멸한다.

Ⅱ. 권리·의무

1. 권리

권리란 일정한 이익을 향수하게 하기 위하여 법이 인정하는 힘(=권리법력설)이다. 법률관계는 처음에는 의무본위로 규율되었다가, 개인의 자유와 인격이 중시되면서 권리본위로 되었다. 20세기에 들어와서 자유주의적 개인주의에 대한 반동으로 다시 의무를 강조하고 있다. 즉, 오늘날에는 권리본위의 체제이지만 의무를 함께 중시하게 되었다.

2. 권리와 구별되는 개념

(1) 권원(權原)

권원이란 일정한 법률상 또는 사실상의 행위를 하는 것을 정당화시켜 주는 근거를 말한다. 점유할 수 있게 하여 주는 소유권·전세권 등이다.

(2) 권한(權限)

권한이란 타인을 위하여 그 자에 대하여 일정한 법률효과를 발생하게 하는 행위를 할 수 있는 법률상의 자격을 말한다. 대리권, 대표권, 선택채권의 선택권, 이사의 권한 등

(3) 권능(權能)

권능은 권리의 내용을 이루는 개개의 법률상의 작용을 말한다. 소유

자는 소유물을 사용·수익·처분권능을 가진다.

3. 의무

의무는 의무자의 의사와 관계없이 반드시 따라야 하는 법률상의 구속을 말한다. 작위의무와 부작위의무가 있고, 부작위의무에는 단순부작위와 인용의무가 있다. 권리와 의무는 상호대응하는 것이 보통이다. 그러나 권리는 없고 의무만 있는 법인의 공고의무·등기의무·감독의무 등도 있고, 권리만 있고 대응하는 의무가 없는 취소·해제·추인권 등의 형성권도 있다.

4. 권리의 보호

권리의 침해에 대한 구제가 권리의 보호이다. 이것은 국가구제에 의하는 것이 원칙이고, 사력구제는 예외적인 것이다. 국가구제에는 재판상의 구제와 조정과 중재가 있고, 사력구제는 국가구제가 불가능하거나 곤란한 경우에 예외적으로 인정되는 개인의 실력에 의한 구제이며, 정당방위·긴급피난·자력구제가 있다.

Ⅲ. 사권의 종류

1. 내용에 의한 분류

사권은 그 내용이 되는 사회적 생활이익을 표준으로 할 때에 재산권·인격권·가족권(신분권)·사원권으로 나누어진다.

1) 재산권 : 재산권은 재산적 이익을 내용으로 하는 권리이다. 양도성과 상속성을 가지며, 물권·채권·지적재산권(무체재산권) 등이 있다.

2) 인격권 : 권리의 주체와 분리할 수 없는 인격적 이익의 향수를 내용으로 하는 권리이다. 생명·신체·정신의 자유에 대한 권리 등이다.

3) 가족권 : 신분권이라고도 하며, 친족권과 상속권을 포함한다.

4) 사원권 : 단체 구성원이 그 지위에 기하여 단체에 대하여 가지는 권리를 포괄하여 사원권이라고 한다. 의결권·업무집행권·이익배당청구권·잔여재산분배청구권 등이 포함된다.

2. 작용(효력)에 의한 분류

권리를 법률상의 힘, 즉 효력의 차이를 기준으로 구분하면, 지배권·청구권·형성권·항변권으로 구분할 수 있다.

1) 지배권 : 타인의 행위를 개입시키지 않고 권리의 객체를 직접 지배할 수 있는 권리이다. 물권·지적재산권·인격권이 포함된다. 지배권의 대내적 효력은 객체에 대한 직접적 지배력을 말하고, 대외적 효력은 제3자가 권리자의 지배를 침해하여서는 안된다는 배타적 효력을 말한다.

2) 청구권 : 특정인이 다른 특정인에 대하여 일정한 작위·부작위를 요구할 수 있는 권리이다. 채권이 대표적이며, 물권·지적재산권·가족권 등으로부터 청구권이 발생될 수 있다.

3) 형성권 : 권리자의 일방적 의사표시만으로 법률관계의 발생·변경·소멸시킬 수 있는 권리이다. 청구권이라는 이름으로 불리어지나 그 실질은 형성권인 권리는 공유물분할청구권, 지료증감청구권, 지상물매수청구권, 매매대금감액청구권, 지상권소멸청구권, 전세권소멸청구권, 부속물매수청구권 등이 있다.

4) 항변권 : 타인의 청구권의 행사에 대하여 그 작용을 저지할 수 있는 권리이다. 항변권은 상대방의 권리를 승인하면서 그 권리의 작용에 일방적인 변경을 일으키는 점에서 특수한 형성권이다.

3. 기타의 분류

권리에 대한 의무자의 범위를 기준으로 절대권·상대권으로, 주체와의 긴밀도를 기준으로 일신전속적 권리와 비전속적 권리로, 권리의 독립성 여하에 따라 주된 권리와 종된 권리로, 현실적 성립 여하에 따라 완전권와 기대권 등으로 구분할 수 있다.

제3절 **권리의 주체**

Ⅰ. 총설

1. 권리의 주체

법에 의하여 권리를 향유할 수 있는 힘을 부여받은 자를 권리주체라고 하고, 권리의 주체가 될 수 있는 지위 또는 자격을 권리능력이라고 한다. 이러한 권리능력자에는 자연인과 법인이 있다.

2. 민법상의 능력

(1) 권리능력

1) 의의 : 권리능력은 권리의 주체가 될 수 있는 지위 또는 자격으로, 추상적·잠재적인 법률상의 지위를 말한다. 권리능력을 가질 수 있는 자는 동시에 의무능력자이다(민법제3조).

2) 권리능력자

① 자연인 : 모든 사람은 성별·연령·계급 등의 구별없이 평등하게 권리능력자가 된다. 즉 권리능력 평등의 원칙이 인정된다.

② 법인 : 자연인이 아니면서 법에 의하여 권리능력이 부여되어 있는 일정한 사람의 집단인 사단법인과 일정한 목적에 바쳐진 재산인 재단법인이 있다.

(2) 의사능력

의사능력은 자신의 행위의 의미나 결과를 정상적인 인식려과 예기력을 바탕으로 합리적으로 판단할 수 있는 정신적 능력 내지 지능을 말하는 것으로서, 구체적인 법률행위와 관련하여 개별적으로 판단한다. 의사무능력자의 법률행위는 자기의사에 의한 행위로 법률효과를 부여할 수 없으므로 무효이다.

(3) 행위능력

행위능력은 독자적으로 유효하게 법률행위를 할 수 있는 지위를 말하며, 객관적·획일적으로 판단한다. 제한능력자에는 미성년자·피성년후견인·피한정후견인·피특정후견인이 있다.

(4) 책임능력(＝불법행위능력)

책임능력은 자기 행위가 타인의 법익을 위법하게 침해한다는 것을 알기에 충분한 정신적 능력을 의미하며, 의사능력과 동일한 능력이다. 법률행위에서의 의사능력의 기능을 책임법의 영역에서는 책임능력이 담당한다.

Ⅱ. 자연인

1. 권리능력

(1) 의의

민법 제3조에서 모든 사람은 평등하게 권리능력을 가진다는 '권리능력 평등의 원칙'과 '생존한 동안', 즉 출생한 때부터 사망한 때까지 권리능력을 가진다고 선언하고 있다.

(2) 권리능력의 시기

1) 출생의 시기 : 자연인의 권리능력은 출생으로 시작한다. 출생의 시기에 대하여는 진통설(형법의 통설), 일부노출설, 전부노출설, 독립호흡설이 있으나, 출생의 시점을 비교적 명확하게 확정할 수 있는 전부노출설, 즉 태아가 모체 밖으로 완전히 노출한 시기를 출생으로 보는 것이 통설이다. 살아서 출생하면 권리능력을 취득하며, 기형아·쌍생아·인공수정의 경우를 묻지 않는다.

2) 태아의 권리능력 : 태아는 임신 후 출생 이전의 생명으로서, 권리능력을 취득하지 못하는 것이 원칙이지만, 우리 민법은 중요 법률관계에 대해서만 출생한 것으로 보는 개별적 보호주의를 취하고 있다. 불법행위로 인한 손해배상청구권민법제762조), 상속(민법제1000조제3항)·대습상속(민법제1001조)·유류분권(민법제1112조), 유증(민법제1064조·제1000조제3항), 인지(민법제858조)에 대하여 태아는 이미 출생한 것으로 본다.

(3) 권리능력의 종기

　　1) 사망 : 권리능력의 종기는 자연인의 사망이다. 자연인의 사망은 호흡과 심장의 기능이 영구적으로 정지한 때(=심정지설)에 사망한 것으로 본다. 다만, '장기 등 이식에 관한 법률' 제21조 제1항에서 "뇌사자가 이 법에 따른 장기 등의 적출로 사망한 경우에는 뇌사의 원인이 된 질병 또는 행위로 인하여 사망한 것으로 본다"고 규정하고 있다. 즉, 장기 등의 적출로 사망한 시점에 사망한 것으로 보고, 사망의 원인을 뇌사의 원인이 된 질병 또는 행위로 사망한 것으로 의제하고 있다.

　　2) 사망의제제도 : 자연인의 사망을 확인할 수 없는 경우에 사망을 의제하는 제도로는 동시사망의 추정, 인정사망, 실종선고가 있다. 동시사망의 추정은 2인 이상이 동일한 위난으로 사망한 경우에 사망시기의 선후를 입증하는 것이 대단히 어렵기 때문에 동시에 사망한 것으로 추정하며(민법제30조), 인정사망은 수해·화재나 그 밖의 재난으로 인하여 사망한 사람이 있는 경우에는 이를 조사한 관공서는 지체 없이 사망지의 시·읍·면의 장에게 통보하여, 가족관계등록부에 사망을 기록하게 된다(가족관계등록등에관한법률제87조). 인정사망은 사망의 확증은 없으나 사망의 개연성이 큰 경우에 관공서의 사망보고에 기하여 가족관계등록부에 사망을 기재하기 위한 절차적 특례로서, 강한 사망추정적 효과를 인정하는 데에 있다. 실종선고는 부재자의 생사불명의 상태가 일정기간 계속된 경우, 가정법원의 선고에 의하여 사망으로 간주하는 제도로서(민법제27조), 사망유무의 입증이 곤란한 경우에 종래의 주소를 중심으로 하는 사법상의 법률관계에 대하여 사망으로 간주하는 제도이다.

2. 행위능력

(1) 의의

　　의사능력의 구비 여부에 대하여 표의자는 행위 당시에 의사무능력을 입증하는 것이 어렵고, 상대방은 그 구비 여부를 알기 어려워 불측의 손해를 입을 수 있다. 행위능력제도는 이러한 문제를 해결하기 위한 것이다. 행위무능력자가 한 행위는 그의 의사능력의 유무를 묻지 않고 취소할 수 있도록 하여 행위무능력자를 보호하는 기능을 하는 한편, 행위무능력자의 표지를 공시·객관화하여, 행위무능력자를 객관적·획일적으로 지정함으로써 그와 거래할 상대방에게 예측가능성을 제공하여 거래 상대방을 보호하고 있다.

(2) 제한능력자[2]

1) 의의 : 민법상 행위능력이 제한되는 자로 미성년자·피성년후견인·피한정후견인·피특정후견인이 있다.

2) 미성년자 : 만 19세로 성년이 되며, 연령계산은 출생일을 산입하며, 역(歷)에 따라 계산한다(민법제4조·제158조). 미성년자가 단독으로 유효한 법률행위를 함에는 법정대리인의 동의를 얻어야 하며, 동의 없이 한 법률행위는 취소할 수 있고, 취소한 경우에는 그 법률행위는 소급하여 무효가 된다(민법제5조·제140조·제141조). 다만, 권리만을 얻거나 의무만을 면하는 행위(민법제5조제1항단서), 처분이 허락된 재산의 처분행위(민법제6조), 허락된 영업에 관한 행위(민법제8조제1항), 타인의 대리행위(민법제114조제1항·제117조), 유언(민법제1061조), 근로계약과 임금의 청구, 혼인을 한 미성년자의 행위(민법제826조의2) 등의 경우에는 법정대리인의 동의 없이 미성년자가 단독으로 유효한 법률행위를 할 수 있다.

3) 피성년후견인 : 피성년후견인은 질병, 장애, 노령, 그 밖의 사유로 인한 정신적 제약으로 사무를 처리할 능력이 지속적으로 결여된 사람에 대하여, 일정한 자의 청구에 의하여 가정법원으로부터 성년후견개시의 심판을 받은 자를 말한다(민법제9조). 피성년후견인의 법률행위는 취소할 수 있다(민법제10조제1항). 즉, 피성년

---

2) 종전에는 미성년자 · 한정치산자 · 금치산자를 무능력자라고 하였으나, 2011. 3. 7.에 민법개정으로 '제한능력자'로 명칭을 변경하였다.

후견인은 유효한 법률행위를 할 수 없다는 의미로서, 성년후견인의 동의를 얻어서 한 법률행위도 취소할 수 있다. 다만, 가정법원이 취소할 수 없는 피성년후견인의 법률행위의 범위를 정한 경우(민법제10조제3항), 일용품의 구입 등 일상생활에 필요하고 그 대가가 과도하지 아니한 법률행위는 성년후견인이 취소할 수 없다(민법제10조제4항). 그리고 피성년후견인의 약혼·혼인 등 친족법상의 행위는 성년후견인의 동의를 얻어 할 수 있으며, 17세 이상이고 의사능력이 있으면 단독으로 유언을 할 수 있다.

4) 피한정후견인 : 피한정후견인은 질병, 장애, 노령, 그 밖의 사유로 인한 정신적 제약으로 사무를 처리할 능력이 부족한 사람에 대하여 일정한 자의 청구에 의하여 가정법원이 한정후견개시의 심판을 한 자이다(민법제12조). 피한정후견인은 원칙적으로 유효한 법률행위를 할 수 있으나. 가정법원은 피한정후견인이 한정후견인의 동의를 받아야 하는 행위의 범위를 정할 수 있고, 한정후견인의 동의가 필요한 법률행위를 피한정후견인이 한정후견인의 동의 없이 하였을 때에는 그 법률행위를 취소할 수 있다(민법제13조). 또한 일용품의 구입 등 일상생활에 필요하고 그 대가가 과도하지 아니한 법률행위는 단독으로 할 수 있다.

5) 피특정후견인 : 피특정후견인은 질병, 장애, 노령, 그 밖의 사유로 인한 정신적 제약으로 일시적 후원 또는 특정한 사무에 관한 후원이 필요한 사람에 대하여 일정한 자의 청구에 의하여 특정후견의 심판을 받은 자를 말한다(민법제14조의2). 특정후견의 심판이 있어도 피특정후견인은 행위능력에 제한을 받지 않는다. 다만, 피특정후견인의 후원을 위하여 필요하다고 인정하면 가정법원은 기간이나 범위를 정하여 특정후견인에게 대리권을 수여하는 심판을 할 수 있다(민법제959조의10제1항).

Ⅲ. 법인

1. 서설

(1) 의의

법인이라 함은 자연인이 아니면서 법률의 힘에 의하여 권리능력이 인정된, 일정한 목적 하에 결합된 사람의 단체(사단법인)와 일정한 목적에 바쳐진 재산(재단법인)을 말한다. 자연인 이외에 법인에게 그 구성원과는 독립된 주체로서의 단체를 인정하고, 그 단체에 권리와 의무의 주체로서의 지위를 부여하자는 것이 법인제도이다. 그 존재이유는 사단이나 재단이 하나의 권리주체로서 활동하므로 법적 거래가 용이하고, 법률관계의 처리가 편리하며, 단체의 행위에 대해서 개인이 책임을 지지 아니하므로, 위험의 분리가 이루어진다는 것에 있다.

(3) 법인의 종류

1) 공법인과 사법인 : 공법인은 법인의 설립이나 관리에 국가공권력이 관여하는 것으로 국가·공공단체 등이 있으며, 사법인은 내부의 법률관계에 국가 또는 공공단체의 공권력이 영향을 미치지 않는 법인을 말한다.

2) 영리법인과 비영리법인 : 영리법인은 구성원의 이익을 목적으로 하는 법인으로 상사회사와 민사회사가 있으며, 비영리법인은 학술·종교·자선·기예·사교 기타 영리 아닌 사업을 목적으로 하는 사단법인과 재단법인이 있다.

3) 사단법인과 재단법인 : 사단법인은 일정한 목적을 위하여 결합한 사람의 단체를 그 실체로 하는 법인이고, 재단법인은 일정한 목적에 바쳐진 재산을 그 실체로 하는 법인이다.

구 별	사단법인	재단법인
목적	영리·비영리	비영리
성격	자율적	타율적
설립자의 수	2인이상	1인 또는 2인 이상
설립행위의 성질	합동행위	상대방 없는 단독행위
구성요소	사원	재산
최고의사결정기관	사원총회	설립자의 의도

4) 내국법인과 외국법인 : 내국법인은 우리법을 준거법으로 하고 한국에 주된 사무소가 있는 법인을 말하며, 외국법인은 내국법인 이외의 법인을 말한다.

2. 법인의 설립

(1) 의의

법인은 법률의 규정에 의해 성립하며, 법인의 설립주의에는 자유설립주의·준칙주의·인가주의·허가주의·특허주의가 있으나 우리 법률에는 자유설립주의를 제외한 여러 입법주의를 병행하고 있다.

(2) 비영리 사단법인의 설립

1) 목적의 비영리성 : 학술·종교·자선·기예·사교 기타 영리 아닌 사업을 목적으로 하여야 한다(민법제32조).

2) 설립행위(정관 작성) : 설립자가 법인의 근본규칙을 정하여 이를 서면에 기재하고 기명날인하여야 한다(민법제40조). 그 법적성질은 요식행위이며, 설립자 전원이 합동하여 법인설립이라는 공동의 목적에 협력하는 합동행위로 볼 수 있다. 정관에는 필요적 기재사항을 반드시 기재하여야 하며, 그 중의 하나라도 빠지면 그 정관은 무효이다(민법제40조).

3) 주무관청의 허가 : 목적사업을 주관하는 행정관청의 허가를 받아야 한다.

4) 설립등기 : 주된 사무소의 소재지에서 설립허가가 있는 때로부터 3주 내에 설립등기를 함으로써 법인은 성립한다(민법제33조).

(3) 비영리 재단법인의 설립

1) 설립요건 : 목적의 비영리성, 설립행위, 주무관청의 허가, 설립등기의 4가지 요건을 갖추어야 한다. 설립행위 이외에는 사단법인과 동일하다.

2) 설립행위 : 재단법인의 설립자는 일정한 재산을 출연하고, 정관을 작성하여 기명날인하여야 하며, 생전처분으로도 할 수 있고 유언으로도 할 수 있다(민법제43조).

3. 법인의 능력

민법 제34조는 '법인은 법률의 규정에 좇아 정관으로 정한 목적의 범위 내에서 권리와 의무의 주체가 된다'고 법인의 권리능력에 대하여 규정하고 있다. 이에 따라 법인의 권리능력은 법률의 규정 및 정관으로 정한 목적에 의한 제한과 그 성질상의 제한을 받는다. 법인은 권리능력의 범위에서 행위능력을 가지며, 법인은 이사 기타 대표자가 그 직무에 관하여 타인에게 가한 손해를 배상할 책임이 있고(민법제35조제1항), 이사 기타 대표자는 법인의 불법행위책임에 대하여 연대책임을 부담한다고 법인의 불법행위능력을 규정하고 있다.

4. 법인의 기관

법인의 기관은 법인의 의사를 결정하고, 그 의사에 기하여 외부에 대하여 이를 대표하고 내부의 사무를 처리하는 법인이라는 조직체의 구성부분이며, 최고의사결정기관으로 사원총회, 집행기관으로 이사, 감독기관으로 감사가 있다. 이사는 필수기관이고, 감사는 임의기관이며, 사원총회는 사단법인에만 있다.

제4절 권리의 객체

1. 의의

권리의 대상 또는 목적을 권리의 객체라고 하며, 권리의 종류에 따라 다르다. 물권의 객체는 물건이며, 채권의 객체는 채무자의 일정한 행위(급부), 형성권의 객체는 형성의 대상이 되는 법률관계, 지식재산권의 객체는 정신적 산물, 상속권의 객체는 상속재산, 친족권의 객체는 친족적 지위, 친권의 객체는 자(子)이다.

2. 물건

(1) 물건의 정의

물건이라 함은 '유체물 및 전기 기타 관리할 수 있는 자연력'을 말한다(민법제98조). 물건은 다음의 요건을 구비하여야 한다.

① 유체물 또는 관리가능한 자연력이어야 한다.

② 관리가능성 : 관리가 가능하다는 것은 배타적으로 지배할 수 있는 것을 의미한다.

③ 비인격성 : 인격을 가진 사람 및 인격의 일부에 대한 배타적 지배를 인정하지 않는다. 인체에 부착시킨 의치·의안·의수 등은 신체의 일부가 되며, 인체로부터 분리된 모발·치아·혈액 등은 물건이다.

④ 독립성 : 물건은 배타적 지배와의 관계상 독립성을 가져야 하며, 독립성의 유무는 물리적으로 결정되는 것이 아니라 사회통념에 따라 정해진다. 물건의 일부나 구성부분 또는 물건의 집단은 원칙적으로 물권의 객체가 되지 못한다.

(2) 물건의 분류

1) 단일물·합성물·집합물

① 단일물 : 단일한 일체를 이루고, 각 구성부분이 개성을 잃고 있는 물건을 말하며, 책 1권, 냉장고 1대 등이다.

② 합성물 : 각 구성부분이 개성을 잃지 않고, 그들이 결합하여 단일한 형체를 이루고 있는 물건이며, 보석반지, 자동차, 선박 등이다.

③ 집합물 : 하나의 단일물 또는 합성물인 다수의 물건이 집합하여 경제적으로 단일한 가치를 가지고, 거래상으로도 일체로

서 다루어지는 것을 말하며, 도서관의 장서, 상점에 있는 상품 전체, 공장의 시설이나 기계 전부 등이다. 판례는 집합물이 다른 물건과 구별될 수 있도록 그 종류·장소 또는 수량지정 등의 방법에 의하여 특정되어 있으면 그 집합물 전부를 하나의 물건으로 인정할 수 있다고 한다(대법원 1990. 12.26. 선고 88다카2024 판결).

2) 대체물·부대체물 : 일반적·객관적 구별로서, 대체물은 물건의 개성이 중요시 되지 않고 단순히 동종류·동질·동량의 물건으로 바꾸어도 급부의 동일성이 변하지 않는 물건이고, 부대체물은 거래상 개성이 중시되어 대체성이 없는 물건으로 취급되는 것을 말한다.

3) 특정물·불특정물 : 당사자의 의사를 기준으로 구별한 것으로서, 특정물은 구체적 거래에 있어서 당사자가 물건의 개성을 중요시하여 동종의 다른 물건으로 바꾸지 못하게 한 물건이고, 불특정물은 당사자가 다른 물건으로 바꿀 수 있게 한 물건이다.

4) 기타 : 사법상 거래의 객체 여부에 따라 융통물·불융통물, 물건의 성질 또는 가격을 현저하게 손상하지 않고 분할할 수 있느냐에 따라 가분물·불가분물, 물건의 성질상 반복해서 사용·수익이 가능하냐에 따라서 소비물과 비소비물로 구분한다.

제5절 권리의 변동

I. 서설

1. 법률관계의 변동

인간의 생활관계는 끊임없이 변동하며, 이것은 법의 세계에서 법률관계의 변동, 즉 법률관계의 발생·변경·소멸이라는 모습으로 나타난다. 법률관계의 변동은 권리·의무, 즉 권리의 변동이 된다.

2. 권리변동의 모습

(1) 권리의 발생

1) 원시취득(=절대적 발생) : 타인의 권리에 기함이 없이 사회적으로 하나의 새로운 권리가 발생하는 것을 말한다. 건물의 신축, 시효취득, 무주물선점 등.

2) 승계취득(=상대적 발생) : 타인의 권리에 기하여 특정인이 승계하여 어떤 권리를 취득하는 것을 말한다. 이전적 승계는 구권리자에 속하고 있었던 권리가 동일성을 유지하면서 그대로 신권리자가 취득하는 것이며, 특정승계와 포괄승계가 있다. 설정적 승계는 구권리자는 그대로 권리를 보유하면서, 그 권리의 내용의 일부만을 신권리자가 취득하는 것으로, 제한물권의 설정, 임차권의 설정 등이 있다.

(2) 권리의 소멸

권리 그 자체가 이 사회에서 없어지는 절대적·객관적 소멸과 권리 자체는 소멸하지 않고, 구권리자가 가진 권리기 신권리자에게 이전하는 상대적·주관적 소멸이 있다.

(3) 권리의 변경

권리가 그 동일성을 유지하면서 권리의 주체·내용·작용에 관하여 변경을 받는 것을 말한다.

3. 권리변동의 원인

법률요건을 충족하면 법률효과가 발생하며, 권리·의무가 발생·변경·소멸한다. 법률요건을 구성하는 개개의 사실이 법률사실이고, 일정한 법률효과를 발생시키는 법률사실을 총괄하여 법률요건이라고 한다. 법률요건에는 의사표시를 필수적인 요소로 하는 법률행위와 그 외의 준법률행위·위법행위 등이 있다.

Ⅱ. 법률행위

1. 법률행위 서설

(1) 법률행위의 의의

법률행위란 일정한 법률효과의 발생을 목적으로 하는 하나 또는 수
개의 의사표시를 필수불가결의 요소로 하는 법률요건이다. 법률행위
가 성립하면 표의자가 의욕한 의사표시에 따라 사법상의 법률효과
가 발생하는 데에 그 의미가 있다.

(2) 법률행위의 요건

1) 성립요건 : 법률행위의 존재가 인정되기 위해서 필요한 최소한의
외형적·형식적 요건이다.

① 일반적 성립요건 : 모든 법률행위에 공통적으로 요구되는 요
건으로, 당사자·목적·의사표시가 있어야 한다.

② 특별 성립요건 : 개개의 법률행위에 부가적으로 요구되는 요
건으로, 혼인·입양에 있어서의 신고, 요물계약에서의 일정한
급부, 질권설정에서의 물건의 인도 등이다.

2) 효력요건 : 이미 성립한 법률행위가 법률상 효력을 발생하는데
필요한 요건이다.

① 일반적 효력요건 : 모든 법률행위에 공통된 요건이다.

㉠ 당사자가 의사능력·행위능력이 있어야 한다.

㉡ 법률행위의 목적이 확정·가능·적법·사회적 타당성이 있
어야 한다.

㉢ 의사와 표시가 일치하고, 의사표시에 하자가 없어야 한다.

② 특별 효력요건 : 대리행위에서의 대리권의 존재, 미성년자의
법률행위에서의 법정대리인의 동의, 유언에 있어서의 유언자
의 사망, 조건부·기한부 법률행위에 있어서의 조건의 성취·
기한의 도래, 농지매매에 있어서의 농지취득자격증명, 토지
거래허가구역에서의 관할관청의 허가 등

(3) 법률행위의 종류

　1) 의사표시의 모습에 의한 분류

　　① 단독행위 : 한 개의 의사표시로 성립하는 법률행위로서, 상대방 있는 단독행위와 상대방 없는 단독행위가 있다.

　　② 계약 : 2인 이상의 당사자가 청약과 승낙이라는 대립적·교환적인 의사표시의 합치에 의하여 성립되는 법률행위로서, 채권·물권·준물권·가족법상의 계약을 포함한다.

　　③ 합동행위 : 평등적·구심적으로 방향을 같이하는 2개 이상의 의사표시가 합치해서 성립하는 법률행위로서, 사단법인 설립행위 등이 있다.

　2) 출연행위·비출연행위

　　① 출연행위 : 자기의 재산을 감소시키고 타인의 재산을 증가케 하는 효과를 발생시키는 행위이다.

　　　㉠ 유상행위와 무상행위 : 유상행위는 자기의 출연에 대하여 상대방으로부터 대응하는 출연을 받는 것으로 매매·교환·임대차 등이 있다. 매매에 관한 규정이 준용된다. 무상행위는 상대방으로부터 출연을 받지 않는 것으로 증여·사용대차·소비대차 등이 해당한다.

　　　㉡ 유인행위와 무인행위 : 유인행위는 출연의 원인이 출연행위의 조건 또는 내용으로 되어 있어서, 그 원인이 존재하지 않으면 출연행위도 효력이 발생하지 않는 행위를 말한다. 무인행위는 원인된 법률행위가 효력을 상실하더라도, 그에 영향을 받지 않고 독자적으로 효력이 인정되는 법률행위로서 어음행위·수표행위 등이 있다.

　　② 비출연행위 : 자기 재산은 감소하지만 타인의 재산은 증가하지 않거나, 직접 재산의 증감과 관계없는 행위로서 소유권의 포기, 대리권의 수여 등이 있다.

　3) 기타의 분류 : 요식행위와 불요식행위, 생전행위와 사후행위, 독립행위와 보조행위, 주된 법률행위와 종된 법률행위 등의 분류가

있다.

2. 의사표시

(1) 의의

의사표시는 사법상의 법률효과의 발생을 목적으로 하는 법률사실이다. 의사표시가 성립하는 심리적 과정을 보면, 어떤 동기에 의하여 일정한 법률효과의 발생을 목적으로 하는 의사(내심적 효과의사)를 결정하고, 이 의사를 외부에 발표하려는 의사(표시의사)에 매개되어서, 어떤 행위를 한다는 인식을 가지고 일정한 행위(표시행위)가 외부에 나타난다.

(2) 의사표시의 구성요소 : 의사표시는 내부적 의사와 표시행위로 구분된다.

1) 내부적 의사(＝의사적 요소) : 의사표시는 특정한 법률효과를 지향하여야 한다. 의사표시에서 진의를 내심적 효과의사라고 하고, 표시행위로부터 추단되는 효과의사를 표시상의 효과의사라고 한다. 진의와 표시가 불일치하는 경우에 법적효과가 문제된다.

2) 행위적 요소 : 표시행위로서 효과의사를 외부에 표명하는 행위로서, 의사표시로서의 가치를 가진 적극·소극의 모든 행위를 의미한다.

(3) 의사표시의 모습

1) 명시적 의사표시와 묵시적 의사표시 : 의사표시는 표시의 의미를 갖는 모든 방법, 즉 언어·문자·거동에 의한 표시행위이다. 의사표시에는 명시적인 것과 묵시적인 것이 있다.

2) 침묵에 의한 의사표시 : 침묵은 원칙적으로 의사표시로 볼 수 없으나, 다음의 요건을 구비한 경우에는 의사표시가 된다.

① 특별한 정황 : 특별한 정황이라 함은 관행 또는 인접 의사표시에 의하여 침묵을 의사표시로 평가하게 하는 상황을 의미한다.

② 침묵자의 인식 : 정황이 있다는 침묵자의 인식이 있어야 하며,

이 경우에 침묵이 통상의 의사표시와 동일한 의사표시로 평가하게 된다.

3) 포함적 의사표시 : 포함적 의사표시라 함은 행위자가 실행행위 특히 이행행위 또는 이행의 수령행위를 하면서 어떤 법률관계가 형성된다고 하는 사실을 인식하는 때에 성립한다. 유상으로 제공된 급부의 수령 등.

4) 의사실현에 의한 의사표시 : 일정한 효과의사를 표시할 목적으로 행하여진 것으로 볼 수는 없지만, 그 행위를 통하여 효과의사를 추단할 수 있는 행위를 말한다. 의사실현에 의한 계약성립(민법 제532조), 자기계약이나 쌍방대리, 소유권의 포기 등 명시적 표시행위 없는 의사표시를 인정한다.

5) 자동화된 의사표시 : 표의자가 의사를 형성하고 그 전달만 자동화 설비를 통하여 하는 것과 의사표시의 전과정이 컴퓨터에 의하여 만들어지고 전달되는 것으로 구분할 수 있다. 자동화된 의사표시도 형성과정이 독특할 뿐 통상의 의사표시와 동일하게 취급하여야 한다. 왜냐하면 컴퓨터 등이 독자적으로 의사를 형성하는 것이 아니라 인간이 이미 형성한 의사를 기초로 한 프로그램에 따라 기계가 작동할 뿐이기 때문이다.

(4) 비정상적 의사표시

1) 의의 : 의사표시는 표의자의 인식, 내부적 요소와 표시행위가 일치하는 것이 정상적 의사표시이다. 정상적 의사표시에 의한 법률행위는 표의자가 의욕한 법적 효과가 발생하지만, 비정상적 의사표시는 그 법적 효과를 어떻게 할 것인지가 문제된다.

2) 비정상적 의사표시의 유형

① 의사형성과정에서 표의자의 잘못된 인식에 의한 경우로서 동기의 착오가 있다. 의사표시의 동기는 의사표시의 요소가 아니기 때문에 원칙적으로 의사표시의 효력에 영향을 미치지 않지만, 그 동기가 표시되어 의사표시의 내용이 된 경우에는 착오로 인정되어 의사표시의 효력에 영향이 있다.

② 의사와 표시의 불일치

　　　㉠ 무의식적인 불일치 : 착오

　　　㉡ 의식적인 불일치 : 비진의표시, 허위표시

③ 하자 있는 의사표시 : 사기·강박

(5) 의사표시의 효력 발생

1) 의사표시의 효력발생시기

① 상대방 없는 단독행위 : 의사표시가 완료된 때에 효력이 발생한다(표백주의).

② 상대방 있는 의사표시 : 표백주의·발신주의·도달주의·요지주의가 있다.

　　　㉠ 도달주의의 원칙 : 도달은 상대방의 지배권내에 들어가 사회통념상 요지할 수 있는 상태에 있는 경우를 의미한다. 우편이 수신함에 투입된 때 또는 동거하는 가족 또는 피용자가 수령한 때 등이다.

　　　㉡ 예외적인 발신주의 : 의사표시가 외형적 존재를 가지고 표의자의 지배를 떠나서 상대방에게 발신된 때에 효력이 생긴다는 원칙이다.

　　　　ⓐ 사원총회 소집의 통지

　　　　ⓑ 무능력자의 상대방의 최고에 대한 무능력자 측의 확답

　　　　ⓒ 격지자간의 계약에서 승낙의 통지

　　　　ⓓ 무권대리인의 상대방의 최고에 대한 본인의 확답

　　　　ⓔ 채무인수

2) 의사표시의 공시송달 : 상대방을 알지 못하거나 그의 소재를 알 수 없는 경우에 의사표시를 도달시키는 방법이다. 민사소송법이 정하는 공시송달의 규정에 의하여, 법원사무관 등이 송달한 서류를 보관하고, 그 사유를 법원게시판에 게시하거나 그 밖에 대법원규칙이 정하는 방법(관보·공보·신문 게재·전자통신매체를 통한 공시)에 따라서 한다.

공시송달한 의사표시는 그 사유를 게기한 날로부터 2주일이 경

과하면 그 효력이 발생하며, 다만 동일한 당사자에게 공시송달한 것은 게시한 다음 날로부터 효력이 생긴다.

3) 의사표시의 수령능력 : 수령한 의사표시의 내용을 이해할 수 있는 능력이 수령능력이다. 모든 행위무능력자를 일률적으로 수령무능력자로 하고 있다. 상대방 없는 의사표시, 발신주의에 의한 의사표시, 공시송달에 의한 의사표시에는 적용되지 않는다.

3. 법률행위의 대리

대리는 타인이 본인의 이름으로 법률행위를 하거나 의사표시를 받음으로써 그 법률효과가 직접 본인에 관하여 생기는 제도이다. '법률효과의 표의자에의 귀속'이라는 원칙에 대한 예외이다. 대리제도는 사적 자치의 확장과 보충이라는 기능을 한다.

4. 법률행위의 무효와 취소

법률행위로서는 성립하였으나 표의자가 의욕한 대로의 효력이 발생하지 못하는 경우로 무효와 취소가 있다. 법률행위의 무효란 법률행위가 성립한 처음부터 법률상 그 효력이 당연히 없는 것으로 확정된 것을 말하고, 법률행위의 취소란 일단 유효하게 성립한 법률행위의 효력을 행위시에 소급하여 소멸케하는 특정인의 의사표시이다.

5. 법률행위의 조건과 기한

조건은 법률행위의 효력의 발생 또는 소멸을 장래의 불확실한 사실의 성부에 의존케 하는 법률행위의 부관을 말한다. 조건은 발생 여부가 객관적으로 불확실한 장래의 사실이어야 하며, 법률행위에 의하여 임의로 부가한 것이어야 한다.

기한은 법률행위의 효력의 발생이나 소멸을 장래 발생할 것이 확실한 사실에 의존케하는 법률행위의 부관이다. 당사자가 임의로 정하는 것이므로 법정기한은 여기에서의 기한이 아니다. 기한은 법률행위의 효력을 '장래의 확실한 사실'에 의존케 한다는 점에서 조건과 구별된다. 그렇지만 '장래의 불확실한 사실의 발생 여부의 확정'에 법률행위의 효력의 발생 또는 소멸을 의존케 하는 것이라면 조건이 아니라 불확정기한이라고 할 수 있다.

Ⅲ. 기간

1. 의의

기간이란 어느 시점에서 어느 시점까지의 계속된 시간의 흐름을 말하며, 법률사실로서 사건에 속한다.

2. 기간의 계산방법

(1) 자연적 계산법 : 기간을 시·분·초로 정한 경우에는 자연적 계산방법, 즉 즉시로부터 기산하고, 만료는 시·분·초가 종료한 때이다(민법제156조).

(2) 기간을 일·주·월·년으로 정한 경우

　1) 역법적 계산법 : 기간을 주, 월 또는 연으로 정한 때에는 역에 의하여 계산한다(민법제160조제1항).

　2) 기산점 : 기간의 초일은 산입하지 아니한다. 그러나 그 기간이 오전 영시로부터 시작하는 때에는 초일을 산입하며(민법제157조), 연령계산에는 출생일을 산입한다(민법제158조).

　3) 만료점

　　① 기간말일의 종료로 기간이 만료한다(민법제159조).

　　② 주, 월 또는 연의 처음으로부터 기간을 기산하지 아니하는 때에는 최후의 주, 월 또는 연에서 그 기산일에 해당한 날의 전일로 기간이 만료한다(민법제160조제2항).

　　③ 기간을 월 또는 연으로 정한 경우에 최종의 월에 해당일이 없는 때에는 그 월의 말일로 기간이 만료한다(민법제160조제3항).

　　④ 공휴일 등과 기간의 만료점 : 기간의 말일이 토요일 또는 공휴일에 해당한 때에는 기간은 그 익일로 만료한다(민법제161조).

(3) 기간의 역산 : 기산일부터 소급하여 계산되는 기간의 계산은 민법규
정이 준용된다.

Ⅳ. 소멸시효

시효란 일정한 사실상태가 일정기간 계속된 경우에, 진정한 권리관계와 일
치하는지를 묻지 않고, 그 사실상태를 존중하여 일정한 법률효과를 발생시키
는 제도로서, 취득시효와 소멸시효가 있다. 시효제도의 존재이유는 법적안정
성의 확보, 입증곤난의 구제, 권리행사의 태만에 대한 제재 등이다.

소멸시효의 완성에 의하여 당연히 권리가 소멸하며, 그 기산일에 소급하여
그 효력이 생긴다(민법제167조). 즉, 시효가 완성되면 당사자의 주장이 없더
라도 채무가 당연히 소멸하지만, 변론주의의 원칙상 시효완성 후에 당사자가
시효의 이익을 받겠다고 주장하여야 이를 고려한다(대법원 1979.2.13. 선고
78다2157 판결).

제2장 ꕯ 물권법

제1절 물권법 총설

Ⅰ. 물권 서설

1. 물권의 의의

(1) 물권 : 물권은 물건을 직접 지배하여 이익을 얻는 것을 내용으로 하는 배타적 권리이다.

(2) 물권의 객체 : 물권의 객체는 하나의 특정된 독립한 물건이어야 한다.

  1) 물건 : 물건은 유체물 및 전기 기타 관리할 수 있는 자연력이며 (민법제98조), 예외적으로 재산권을 객체로 하는 경우가 있다(준점유, 권리질권, 전세권을 목적으로 하는 저당권 등).

  2) 현존특정성

    ① 물건은 현존하고 특정되어 있어야 한다. 현존하지 않거나 특정되지 않은 물건에 대해 물권은 성립하지 않는다.

    ② 특정성과 관련하여 집합물을 단일물로 취급할 수 있는지에 대하여는 견해가 나누어진다.

      ㉠ 민법은 일물일권주의를 채택하고 있고, 집합물은 한 개의 물건이 아니라 여러 개의 물건이고, 집합동산의 경우에도 개개의 물건에 대해 물권의 효력이 발생한다.

      ㉡ 판례 : 집합물이 담보설정자의 다른 물건과 구별될 수 있도록 그 종류, 장소 또는 수량지정 등의 방법에 의하여 특정되어 있으면, 한 개의 물권이 성립할 수 있다(대법원 1990.12.26. 선고 88다카20224 판결). 그리고 유동집합물도 하나의 집합물로서 동일성을 잃지 아니한 경우에 그 효력은 항상 현재의 집합물 위에 미치게 된다(대법원 2004.11.12. 선고 2004다22858 판결).

  3) 독립성 : 하나의 독립한 물건이어야 하며, 물건의 일부나 구성부

분은 원칙적으로 하나의 물권의 객체로 되지 못한다. 독립성 여부는 사회통념과 거래현실을 감안하여 결정한다. 다만, 1필의 토지의 일부는 용익물권을 설정할 수 있으며, 1동의 일부는 구분소유할 수 있다.

(3) 물권의 특성

1) 직접적 지배 : 물권은 특정의 물건을 타인의 행위를 기다리지 않고서 바로 그 물건으로부터 일정한 이익을 취득하는 권리이다.

2) 배타적 지배 : 하나의 물건 위에 어떤 자의 지배가 성립하면 같은 물건에 관하여 다른 자의 지배를 인정할 수 없게 된다. 다만, 서로 다른 내용의 가진 물권은 성립이 가능하다. 물권의 배타성과 관련하여 물권은 공시되고, 일물일권주의가 인정된다.

3) 절대적 보호 : 물권은 일반인을 의무자로 하여 모든 자에게 주장할 수 있는 권리로서, 물권을 침해한 경우에는 그 침해자에 대하여 불법행위에 의한 손해배상청구권이나 물권적청구권이 인정된다.

4) 강한 양도성 : 권리는 원칙적으로 양도할 수 있으며, 특히 물권은 강한 양도성을 특징으로 한다.

5) 관념성 : 물권은 물건에 대한 현실적인 지배가 아니라 지배할 수 있는 지배가능성을 기초로 하고 있다. 오늘날의 물권은 관념적 권리다. 다만, 점유권은 물권의 일종이지만 현실적 지배사실을 기초로 하여 성립하는 특수한 물권이다.

2. 물권의 종류

(1) 물권법정주의

물권법정주의는 물권의 종류와 내용은 법률 및 관습법에 의하여 인정된 것에 한하며, 당사자가 자유로 창설하거나 변경하지 못한다는 원칙이다(민법제185조).

(2) 물권의 분류

1) 본권과 점유권 : 본권은 '지배할 수 있는 권리'이며, 점유권은 '사

실상의 지배하고 있는 상태' 그 자체를 보호하는 권리이다.

2) 소유권과 제한물권 : 소유권은 사용가치·교환가치의 전부를 지배할 수 있는 권리이며, 제한물권은 소유권이 갖는 권능의 일부를 지배하는 권리이다. 제한물권으로 용익물권은 사용가치의 지배를 목적으로 하고, 지상권·지역권·전세권이 있으며, 담보물권은 채권담보를 위하여 물건이 갖는 교환가치의 지배를 목적으로 하고, 유치권·질권·저당권이 있다.

3) 관습법상의 물권 : 분묘기지권, 관습상의 법정지상권, 양도담보 등

II. 물권의 변동

1. 의의

물권변동은 물권의 발생·변경·소멸을 가져오는 사실의 총체를 말하며, 물권행위와 공시방법에 의한 법률행위에 의한 물권변동과 상속·공용징수·판결·경매 기타 법률의 규정에 의한 물권변동이 있다.

2. 물권변동과 공시

(1) 의의

물권에는 배타성이 있기 때문에 물권이 누구에게 속해 있는가, 물권이 어떠한 내용을 갖는가를 외부에서 알 수 있는 일정한 상징이 필요하게 된다. 이러한 표상을 공시방법이라 하고, 공시방법을 통하여 물권을 공시하는 제도를 공시제도라고 한다. 부동산물권의 공시방법은 등기, 동산물권은 점유, 수목이나 미분리과실 등은 명인방법에 의해 공시한다.

(2) 공시와 공신의 원칙

공시의 원칙은 물권의 변동은 외부에서 알 수 있는 어떤 상징이 갖춰져 있어야 한다는 원칙이다. 부동산물권과 동산물권 모두에 대해 공시의 원칙을 인정하고 있다. 공신의 원칙은 공시방법을 신뢰하여 거래한 자가 있는 경우에 그 공시방법이 실체적 권리관계와 일치하지

않아도 공시된 대로의 권리가 존재하는 것으로 인정하는 원칙이다. 동산에는 공신의 원칙이 인정되지만 부동산에는 인정되지 않는다.

(3) 물권변동에 관한 공시주의

1) 대항요건주의(=의사주의·불법주의) : 물권변동은 물권행위에 의하여 효력이 발생하며, 공시방법은 제3자에 대한 대항요건이 된다.

2) 성립요건주의(=형식주의·독법주의) : 물권변동은 물권행위와 공시방법으로서 인도 또는 등기를 갖추어야 효력이 발생한다.

3) 현행 민법 : 우리 민법은 성립요건주의에 따라 공시방법을 갖추어야 물권변동의 효력이 발생한다. 즉, 부동산은 민법 제186조에 따라 등기하여야 효력이 발생하며, 동산은 민법 제188조에 의하여 인도하여야 효력이 생긴다.

3. 물권행위

(1) 의의

물권행위는 직접 물권의 변동을 목적으로 하는 법률행위로서 물권적 단독행위·계약·합동행위가 있다.

(2) 성립시기

물권행위의 성립시기는 부동산인 경우에는 대금이 완납되고 등기에 필요한 서류가 양수인에게 교부되는 때이고, 동산인 경우에는 대금이 완납되고 물건이 구체적으로 특정되어 양도인이 점유이전의 준비를 완료한 때이다.

(3) 물권행위와 채권행위의 구별

물권행위	채권행위
물권변동을 목적으로 하는 법률행위	채권·채무의 발생을 목적으로 하는 법률행위
직접 물건의 지배를 목적으로 하므로 이행의 문제를 남기지 않는다.	채권·채무가 발생하여 장래 이행의 문제가 남는다.
처분행위	의무부담행위

4. 등기와 인도

(1) 부동산등기

등기는 등기관이라는 국가기관이 법정절차에 따라서 등기부라고 불리는 공적 장부에 그 권리관계를 기재하는 것 또는 기재 그 자체를 말한다.

(2) 동산의 인도

동산물권의 공시방법은 점유의 이전. 즉 물건의 사실상의 지배를 이전하는 것을 말한다. 인도는 현실의 인도가 원칙이지만 관념적 인도인 간이인도·점유개정·목적물반환청구권의 양도에 의한 인도를 규정하고 있다.

제2절 기본물권

Ⅰ. 점유권

1. 의의

사실상의 지배를 법적으로 정당화할 수 있는 권리를 본권이라고 하는데 반하여 본권의 유무를 묻지 않고 물건에 대한 사실상의 지배에 대하여 인정되는 권리를 점유권이라고 한다.

2. 점유

(1) 의의

점유는 사실상의 지배라는 객관적 요소 이외에 사실적 지배관계를 가지려는 의사(＝점유설정의사)가 있어야 점유가 성립한다.

(2) 사실상의 지배

사회통념상 물건이 어떠한 사람의 지배 안에 있다고 인정되는 객관적인 관계를 말한다. 사회관념 내지 거래통념에 비추어 물건과 사람간의 공간적·시간적 관계 및 권리관계를 고려하여 판단하여야 한다.

① 공간적 지배관계 : 물리적인 지배력을 미칠 수 있는 가능성이 있고, 적어도 누군가의 사실상의 지배에 속하고 있음을 타인이 인식할 수 있으며, 제3자의 간섭을 배척할 수 있는 상태에 있어야 한다.

② 시간적 지배관계 : 어느 정도의 계속성이 있어야 한다. 예를 들어 옆사람으로부터 잠깐 연필을 빌린 경우 사실상의 지배는 성립하지 않는다.

(3) 점유설정의사

점유에는 사실상 지배관계를 가지려는 의사, 즉 점유설정의사는 필요하다. 점유설정의사는 일정한 법률효과를 의욕하는 것이 아닌 자연적 의사로 충분하다.

Ⅱ. 소유권

1. 의의

소유권보장의 원칙은 헌법 제23조제1항에서 "모든 국민의 재산권은 보장된다. 그 내용과 한계는 법률로 정한다"라고 재산의 사적소유를 보장하고 있으며, 민법 제211조는 사유재산제도를 예정하고 있다. 소유권보장은 민법 전반을 지배하는 기본원리로서 소유권의 취득을 가능케 하는 법률행위 자유의 원칙과 밀접하게 관련되어 있으며, 소유권이 보장됨으로써 인간은 영업활동·거주이전·직업선택 등의 자유를 향유할 수 있고, 나아가 인격의 자유로운 전개를 할 수 있는 재산적 기초가 성립되었다.

2. 소유권의 법적 성질

(1) 관념성

소유권은 그 객체에 대한 현실적 지배와는 분리되어 물건을 지배할 수 있는 관념적인 물적 지배로 구성되어 있다.

(2) 전면성

물적 지배의 권능은 물건이 가지는 사용가치·교환가치의 전부에 전면적으로 미친다. 소유권의 일부권능에 미치는 제한물권과 구별된다.

(3) 혼일성

소유권은 사용·수익·처분 등의 모든 권능이 한데 섞여 뭉쳐진 권리이다. 이러한 소유권의 혼일성으로 말미암아 소유권과 제한물권이 동일인에게 귀속하면 제한물권이 혼동으로 소멸한다.

(4) 탄력성

소유권을 제한하는 제한물권이 소멸하면 이에 의한 소유권의 제한이 자동적으로 소멸되고 소유권은 종전대로 회복된다.

(5) 항구성

소유권은 시간적으로 존속기간의 제한이 없고 또한 소멸시효에 걸리지도 않는다(민법제162조제2항).

3. 소유권의 내용과 제한

(1) 소유권의 내용

민법은 소유권의 내용에 대하여 '소유자는 법률의 범위내에서 그 소유물을 사용·수익·처분할 권리가 있다'고 규정하고 있다(민법제211조). 사용·수익은 목적물을 사용하거나 목적물로부터 생기는 과실을 수취하는 것을 말하고, 처분은 물건의 교환가치를 실현하는 것으로 사실적 처분과 법률적 처분을 의미한다.

(2) 소유권의 제한

1) 근거 : 헌법 제23조 제1항에서 재산권의 내용과 한계를 법률로 정하도록 하며, 제2항에서 재산권의 행사는 공공복리에 적합하여야 한다고 규정하며, 제3항은 제3항은 공공필요에 의한 재산권의 수용·사용 또는 제한을 할 수 있다고 규정하고 있다. 그리고 민법 제211조는 법률의 범위내에서 소유권을 보장하고 있으므로 법률에 의하여 소유권의 내용이 제한될 수 있다.

2) 한계 : 소유권은 법률에 의하여 제한될 수 있지만 그 본질적 내용은 침해할 수 없다(헌법제37조제2항).

3) 소유권제한의 모습 : 소유권의 제한은 소유권 자체를 박탈하거나 그 기능 가운데 일부를 박탈하는 방법에 의하여 행해질 수 있고,

다른 한편으로는 소유권자에 대하여 작위 또는 부작위의무를 과
하거나 부담(조세)을 부과함으로써 행해지기도 한다.

4. 토지소유권의 범위

(1) 의의

토지의 소유권은 정당한 이익이 있는 범위내에서 토지의 상하에 미
친다(민법제212조). 이는 토지를 완전히 이용하기 위해서는 지표뿐
만 아니라 지상의 공중이나 지하에도 소유권의 효력을 미치게 할 필
요가 있기 때문이다.

(2) 정당한 이익이 있는 범위

구체적 상황을 고려해서 거래관념에 따라 결정된다. 예컨대 항공기
의 상공통과에 의해서는 원칙적으로 정당한 이익이 침해되지 않는
다고 할 것이나, 타인의 토지 위로 송전선을 가설하여 지상의 활용
을 방해하거나 지하로 터널을 굴착하여 토지가 붕괴될 우려가 있는
경우에는 원칙적으로 정당한 이익의 범위내에서 소유권의 침해가
있는 것이라고 판단해야 한다.

(3) 미채굴의 광물

광물은 국유에 속하는 독립의 부동산으로 보는 견해와 국가에 채굴
허가권이 유보되어 있기 때문에 그 한도에서 그 행사가 제한된다고
보는 견해가 있다. 반면에 암석·토사 등은 토지의 구성부분으로 소유
권의 효력이 미친다.

(4) 지하수

자연히 용출하는 지하수는 토지소유자가 자유롭게 사용할 수 있다.
그러나 계속해서 솟아나와 타인의 토지에 흘러들어 가는 경우에 그
타인은 관습법상의 유수사용권을 취득할 수 있다. 또 인공적으로 솟
아나오게 한 지하수는 다른 사람에게 방해가 되지 않는 한도에서만
토지소유자가 사용할 수 있다.

제3절 용익물권

용익물권이라 함은 타인의 물건을 일정한 범위에서 사용·수익할 수 있는 물권으로 타인의 소유물을 이용하는 타물권이며, 소유권과 같은 전면적·포괄적 권리가 아니라 물건을 일정한 제한된 목적을 위하여 이용할 수 있는 제한물권이다. 민법상의 용익물권에는 지상권·지역권·전세권의 3종이 있으며, 이는 모두 부동산만을 그 대상으로 한다.

I. 지상권

1. 의의

지상권이라 함은 타인 소유의 토지에 건물 기타의 공작물이나 수목을 소유하기 위하여 그 토지를 사용할 수 있는 권리이다(민법제279조).

2. 지상권의 성질

1) 물권 : 지상권은 토지를 직접 배타적으로 지배하는 물권이다. 토지의 사용을 목적으로 하는 권리라고 하는 점에서 임차권은 같으나 임차권은 채권이라는 점에서 양자는 본질적 차이가 있다.
2) 타물권 : 지상권은 타인의 토지에 대한 권리이다.
3) 사용권 : 지상권은 타인의 토지를 사용하는 권리이다.
4) 건물 등의 소유를 위한 권리 : 지상권은 타인의 토지 위에 건물 기타 공작물 또는 수목을 소유하기 위한 용익물권이다.

3. 특수한 지상권

(1) 구분지상권

구분지상권이라 함은 건물 기타 공작물을 소유하기 위하여 타인소유의 토지의 지상 또는 지하의 공간을 상하의 범위를 정하여 사용하는 권리를 말한다(민법제289조의2제1항).

(2) 분묘기지권

분묘기지권이란 타인의 토지 위에 분묘를 소유하기 위한 지상권 유사의 물권을 말하며, 그 범위는 분묘를 소유하고 봉사하는 목적을 달성하는 데 필요한 범위 내이다.

(3) 관습법상의 법정지상권

관습법상의 법정지상권이라고 함은 동일 소유자의 소유에 속하는 토지와 건물 중의 어느 하나가 매각 또는 기타의 원인으로 인하여 양자의 소유자가 다르게 되더라도 그 건물을 철거한다는 약정이 없는 경우에 당연히 건물소유자에게 인정되는 지상권이다(대법원 1960.9.29. 선고 4292민상944 판결).

Ⅱ. 지역권

1. 의의

지역권이라 함은 일정한 목적을 위하여 타인의 토지(승역지)를 자기의 토지(요역지)의 편익에 이용할 수 있는 권리이다(민법제291조).

2. 법적 성질

1) 타물권이다.
2) 타인의 토지를 자기토지의 편익에 이용하는 권리이다.
3) 지역권은 요역지 소유권의 내용이 아니라 독립된 권리이지만, 요역지 소유권에 부종되는 종된 권리이다.
4) 불가분성 : 지역권은 원칙적으로 요역지 전부의 편익을 위하여 승역지 전부를 이용하는 권리이다.

Ⅲ. 전세권

1. 의의

전세권이라 함은 전세금을 지급하고 타인의 부동산을 그의 용도에 좇아 사용·수익한 후 전세권의 소멸시에 목적부동산으로부터 우선변제를 받을 수 있는 권리이다(민법제303조제1항). 전세제도는 타인의 부동산을 사용·수익한다는 용익물권적 기능과 담보물권적 기능도 아울러 가지고 있다. 주된 기능은 용익물권성에 있으며 담보물권성은 전세금 확보를 위한 부수적인 것이다. 외국에는 없는 우리나라의 특유한 제도이다.

2. 전세권의 법률적 성질

(1) 부동산에 대한 제한물권

1) 타물권 : 타인의 부동산에 대한 권리이다.

2) 목적물은 건물과 토지이다. 다만 농경지는 전세권의 목적으로 될수 없다(민법제303조제2항).

(2) 부동산에 대한 용익물권

1) 전세권은 목적부동산을 점유하여 그 부동산의 용도에 좇아 사용·수익하는 권리이다.

2) 부동산을 점유할 권리이다.

(3) 전세금

전세금의 지급은 전세권의 요소이다(민법제303조제1항). 전세금은 전세권자가 설정자에게 교부하는 금전이며, 전세권이 소멸하는 때에는 다시 그 반환을 받게 된다.

(4) 담보물권성

1) 전세금에 관하여 우선변제권을 갖는다. 즉 전세권자는 부동산 전부에 대하여 후순위권리자 기타 채권자보다 전세금의 우선변제를 받을 권리가 있고(민법제303조제1항), 전세금의 반환을 지체한 때에는 전세권자는 목적물을 경매청구할 수 있다(민법제318조).

2) 담보물권이므로 담보물권의 통유성 즉 그 속성인 부종성·수반성·물상대위성·불가분성을 가진다.

제4절 담보물권

Ⅰ. 총설

1. 의의

특정한 채권에 관해서 채무자가 이행하지 않는 경우에, 채권의 효력으로 채무자의 일반재산에 대하여 강제집행을 함으로써 만족을 얻을 수 있다. 채무자의 재산이 충분한 경우에는 만족을 얻을 수 있으나 그렇지 않은 경우에는 문제가 된다. 담보제도는 채무자의 일반재산을 담보로 잡기 위한 것으로 인적담보와 물적담보가 있다. 인적 담보는 다른 제3자의 재산을 책임재산에 추가하는 것이고, 물적 담보는 책임재산을 이루고 있는 재화 중의 어느 특정의 재화를 담보에 충당하는 것이다.

2. 인적담보와 물적담보

(1) 인적담보

1) 의의 : 채무자뿐만이 아니고 제3자의 책임재산도 추가하는 방법에 의한 담보제도이다. 보증채무, 연대채무(제413조 내지 제427조) 등이 이에 속한다.

2) 특징 : 책임재산의 총액이 증가하여 위험이 축소되는 장점이 있다. 그러나 담보제공자의 일반재산의 상태에 따라 책임재산의 변동가능성이 있고 다른 채권자의 배당참가를 배제하지 못함으로 담보로서의 효력이 불확실하다.

(2) 물적담보

1) 의의 : 책임재산 중에서 어느 특정재화가 그의 교환가치를 가지고 책임을 지는 것이며 채무자의 채무불이행이 있게 되면 채권자는 그 교환가치로부터 채권자 평등의 원칙을 깨뜨려서 다른 채권자보다 우선해서 변제를 받게 하는 제도이다.

2) 특징 : 담보목적물을 권리순위에 따라 독점적으로 채권의 만족을 얻는 제도이므로 목적물이 멸실하거나 그 가격이 떨어지지 않는 한 확실하게 담보목적을 달성할 수 있다는 장점이 있다.

3. 담보물권의 성질

(1) 담보물권의 본질

담보물권은 가치권으로서 목적물의 이용을 목적으로 하지 않고 그가 가지는 교환가치의 취득을 목적으로 하는 권리라는 점에서, 목적물을 직접 사용·수익하여 그 사용가치를 지배하는 이용권인 용익물권과 다르다.

(2) 담보물권의 통유성

1) 부종성 : 피담보채권의 존재를 전제로 하여서만 담보물권은 존재할 수 있게 되는 성질을 말한다. 따라서 피담보채권이 성립하지 않으면 담보물권은 성립할 수 없고 피담보채권이 소멸하면 담보물권도 소멸한다.

2) 수반성 : 피담보채권이 이전되면 담보물권도 이전되고 피담보채권이 다른 권리의 목적이 되면 담보물권도 그 권리의 목적이 된다는 성질을 말한다.

3) 물상대위성 : 담보물권의 목적물의 멸실·훼손·공용징수 등으로 그 목적물에 갈음하여 보험금·손해배상·보상금청구권 등이 목적물의 소유자에게 귀속하게 된 경우에 담보물권이 그 목적물에 갈음하는 것에 관하여 존속하는 성질을 말한다. 이것은 목적물의 교환가치로부터 우선변제를 받는 것을 목적으로 하는 가치권이라는 것으로부터 생기는 원칙이다.

4) 불가분성 : 담보물권자는 피담보채권의 전부의 변제를 받을 때까지 목적물의 전부에 관하여 그 권리를 행사할 수 있다는 성질을 말한다. 피담보채권의 일부가 변제·상계·경개·면제·혼동 등으로 인하여 소멸되더라도 그 목적물의 일부가 담보물권의 구속에서 벗어나는 것이 아니다.

4. 담보물권의 효력

1) 우선변제적 효력 : 채권의 변제를 받지 못한 때에 채권자가 목적물을 환가해서 다른 채권자보다 우선하여 변제받을 수 있는 효력이다. 질권·저당권에만 인정된다.

2) 유치적 효력 : 채권담보를 위해서 목적물을 유치하여 채무변제를 간접적으로 재촉하는 효력이다. 유치권·질권에 인정되지만, 저당권과 같이 목적물의 점유를 요소로 하지 않는 담보물권에서는 문제되지 않는다.

3) 수익적 효력 : 채권자가 목적물로부터의 수익으로 변제에 충당하는

것이다. 현행민법은 유치권·질권·저당권 모두에 대해 수익적 효력을 인정하지 않는다. 다만 전세권의 경우 담보물권의 성질을 갖고 있음에도 불구하고 용익물권의 성질이 더 강하기 때문에 실질에 있어서 수익적 효력이 인정된다.

Ⅱ. 유치권

유치권이라 함은 타인의 물건 또는 유가증권을 점유하는 자가 그 물건 또는 유가증권에 관하여 생긴 채권의 변제를 받을 때까지 그 목적물을 유치하여 채무자의 변제를 간접으로 강제하는 담보물권을 말한다(민법제320조제1항). 예를 들면 타인의 물건을 수선한 자가 수선대금의 지급을 받을 때까지 그 물건을 유치할 수 있는 권리가 유치권이다.

Ⅲ. 질권

질권은 채권자가 채무의 변제를 받을 때까지 그 채권의 담보로 채무자 또는 제3자로부터 인도받은 물건 또는 재산권을 유치함으로써 채무의 변제를 간접적으로 강제하다가 그 매각대금으로부터 우선변제를 받을 수 있는 담보물권이다.

Ⅳ. 저당권

1. 의의

저당권이라고 함은 채무의 변제가 없는 경우에 채권자가 채무자 또는 제3자(물상보증인)가 점유를 이전하지 않고 채무의 담보로 제공한 부동산으로부터 우선변제를 받을 수 있는 권리이다(민법제356조).

2. 특색

저당권은 약정담보물권이라는 점에서 질권과 유사하지만 질권은 주로 동산을 대상으로 하는데 대하여 저당권은 부동산을 대상으로 하며, 질권은 동산을 인도 받아 질권자가 이를 유치하는데 대하여 저당권은 목적물에 대하여 설정등기를 하여 교환가치만을 파악할 뿐이라는 점에서 양자는 서로 다르다. 저당권이 설정되더라도 저당목적물에 대한 사용·수익권이나 처분권은 여전히 저당권설정자에게 있고 저당권자는 그 목적물의 교환가치로부터 우선변제를 받는데 불과하므로 저당권은 교환가치에 대한 배타적 지배를 내용으로 하는 순수한 가치권이다.

3. 저당권의 법적성질

1) 물권 : 저당권은 목적물의 교환가치를 직접·배타적으로 지배하는 권리이다.
2) 담보물권 : 저당권은 타물권이며, 약정담보물권이다. 저당권은 담보물권으로서의 통유성을 가진다.

4. 특수한 저당권

(1) 근저당

근저당권은 당사자 사이의 계속적인 거래관계로부터 발생하는 불특정다수의 장래 증감·변동하는 채권을 결산기에 계산하여 잔존하는 채무를 일정한 한도액의 범위 내에서 담보하는 저당권을 말한다. 보통의 저당권과 달리 발생 및 소멸에서 피담보채무에 대한 부종성이 완화되어 있는 점에 그 특색이 있다(대판 1999.5.14, 97다15777·15784).

(2) 공동저당

공동저당은 채권자가 동일한 채권의 담보로서 수개의 부동산 위에 저당권을 가지는 것을 말한다. 공동저당에 있어 그 법률관계는 복수의 부동산 위에 1개의 저당권이 있는 것이 아니라 각 부동산마다 1개의 저당권이 성립한다. 공동저당권자는 임의로 어느 목적물로부터 채권의 전부나 일부의 우선변제를 요구할 수 있다.

제3장 ¨ 채권법

제1절 채권법총론

Ⅰ. 채권과 채무

1. 채권

'채권'은 특정인이 다른 특정인에 대하여 특정의 행위(=급부)를 청구할
수 있는 권리로서, 재산권·청구권·상대권이다.

1) 급부 : 채권은 채무자의 행위(급부)를 그 목적으로 하는 권리이다. 급
부는 작위일수도 있고 부작위일 수도 있다. 이와 같이 채권은 권리내
용의 실현에 있어서 타인의 행위를 필요로 한다는 점에서 물권과 다
르다.

2) 특정인에 대한 권리 : 채권은 채무자라는 특정인에 대하여만 급부를
요구할 수 있고, 채무자 이외의 제3자는 원칙적으로 급부를 요구당하
지 않는다. 이런 점에서 채권은 상대권이다.

3) 청구권 : 채권은 채무자의 특정의 행위를 요구할 수 있는 권리이다.

2. 채무

(1) 의의

'채무'는 채권에 대하여 특정의 행위를 하여야 할 의무이다.

(2) 채무의 구조

채무는 채무자가 채권자에 대하여 일정한 급부를 하여야 할 법적
구속이며, 채권관계에서 채무에는 기본적 채무를 실현하는 주된 급
부의무와 그에 따르는 부수적 의무가 있다. 그 뿐만 아니라 신의칙
에 의한 보호의무를 부담하는지가 문제된다.

1) 주된 급부의무 : 채권관계의 유형 및 성질을 결정하는 의무로서,
당사자가 명시적으로 합의한 의무이다.

2) 부수적 의무 : 기본적 채권관계를 실현하는 과정에 필요한 통지

의무·담보의무 등을 의미한다.

3) 기본의무 이외의 용태의무(＝보호의무) : 보호의무는 이행이익을 초과하는 손해 또는 부가적 손해로부터 채권자를 보호함을 목적으로 하는 것으로, 계약상대방의 생명·신체·건강 등에 대하여 필요한 조치를 하여야 할 의무이다. 이를 위반하면 완전성 이익을 침해한 것으로 불완전이행 또는 적극적 채권침해가 될 수 있다. 보호의무는 채권과의 견련관계가 인정되지 않으며, 위반하여도 계약해제권은 인정되지 않는다.

3. 채권관계(=채권·채무관계)

채권관계는 2인 이상 또는 다수인이 채권자 또는 채무자로서 채권·채무을 갖고, 그에 대응하는 의무를 부담하는 대립적인 법률관계이다.

1) 특별구속관계 : 채권관계는 언제나 특정인 사이에서 성립하는 법률상의 특별구속관계라고 할 수 있다.

2) 유기적 관계 : 채권관계에는 다른 채권관계와 구별케 하는 기본적인 채권·채무가 있고, 주된 급부의무 이외에도 여러 권리(항변권·해제권·해지권 등)와 부수적 의무(통지의무, 담보의무 등)가 따른다. 이러한 의미에서 채권관계는 유기적 관계라고 할 수 있다. 즉, 채권관계에서의 채권자와 채무자 사이의 형식적인 권리·의무의 대립으로 볼 것이 아니라, 신의칙에 의하여 지배되는 하나의 협동체 내지 공동체의 관계라고 하여야 한다.

Ⅱ. 채권의 목적

1. 의의

채권의 목적은 채무자의 행위, 즉 급부이다. 채권의 내용 또는 객체라고도 한다. 채권의 목적은 급부이고, 채권의 목적물은 급부의 목적물이다.

2. 급부의 요건

채권에 관하여는 사적자치의 원칙이 적용되기 때문에 그 종류나 내용에 아무런 제한이 없으며, 그 목적인 급부의 종류나 내용에 관하여도 제한이 없다. 채권은 원칙적으로 법률행위 특히 계약에 의하여 발생되므로, 급부는 법률행위의 목적의 범위안에서 허용된다. 그래시 적법·사회적타당성·가능·확정성이 있어야 한다.

1) 적법성 : 급부는 강행법규에 위반하지 않아야 한다.

2) 사회적 타당성 : 급부의 내용이 사회질서에 위반하는 때에는 그 채권은 무효이다.

3) 실현 가능성

① 불가능한 급부를 목적으로 하는 채권은 무효이다. 사회관념상 일반적으로 불가능한 것으로 취급되거나 실현이 대단히 곤란한 경우에는 불가능하다고 할 수 있다.

② 채권이 성립할 때에 가능한 것이어야 한다. 원시적으로 불가능한 급부를 목적으로 하는 채권은 무효이다. 그러나 채권이 성립한 후에 급부가 불가능으로 되어도 그 채권은 유효하다.

4) 확정성 : 급부의 확정성은 채권이 성립할 당시에 확정되어 있을 필요는 없으며, 이행기까지 확정할 수 있을 만한 표준이 정하여져 있으면 된다.

5) 급부의 금전적 가치 : 금전으로 가액을 산정할 수 없는 급부도 채권의 목적으로 할 수 있으며(민법제373조), 그 채권의 불이행에 의한 손해는 이를 금전으로 산정할 수 있다.

Ⅲ. 채권의 효력

1. 의의

채권은 채무자에 대한 청구력과 채무자의 급부를 받아 이를 적법하게 간직해 가질 수 있는 급부보유력이 최소한도의 법률적 효력이다. 채권은 채무자가 임의로 이행하지 않으면, 청구력만으로는 그 목적을 달성할 수 없다. 그래서 채권의 실현을 보장하기 위한 강제력이 인정된다.

2. 채무불이행

채무불이행은 채무의 내용에 좇은 이행을 하고 있지 않는 상태를 의미하며, 전통적으로 이행지체·이행불능·불완전이행을 인정하지만, 오늘날에는 이행거절 등을 인정한다.

채무불이행의 공통요건은 채무자의 귀책사유로서 고의·과실이 있고, 채무불이행이 위법하여야 한다. 채무불이행이 있으면 그 효과로서 이행강제, 손해배상청구, 계약의 해제·해지 등이 인정될 수 있다.

(1) 이행지체

　1) 의의 : 이행지체는 급부의 실현이 가능함에도 불구하고 채무자가 그에게 책임 있는 사유로 급부를 이행기에 이행하지 않는 경우이다.

　2) 요건 : 이행지체가 성립하는 요건은 채무자가 이행을 하지 않는 것이, 이행기가 도래하고, 채무의 이행이 가능하여야 하며, 채무에게 귀책사유가 있어야 하고, 위법하여야 한다.

　3) 효과 : 이행강제, 지연배상, 전보배상, 계약해제권 등이 인정된다.

(2) 이행불능

　1) 의의 : 채권이 성립한 후에, 채무자에게 책임있는 사유로, 위법하게 이행이 불가능하게 되는 것이 이행불능이다.

　2) 성립요건

　　① 채권이 성립한 후에 이행이 불가능하여야 한다.

　　② 채무자에게 책임 있는 사유에 의하여 이행이 불가능하여야 한다. 채무자에게 고의·과실이 있는 경우뿐만 아니라 신의칙상 그와 같은 것으로 볼 수 있는 경우, 즉 법정대리인이나 이행보조자의 고의·과실도 채무자의 고의·과실로 보고 있다.

　　③ 이행불능이 위법하여야 한다.

　3) 효과 : 이행불능은 본래의 급부를 청구할 수 없으므로, 이행의 강제는 할 수 없고, 전보배상·계약해제·대상청구권이 인정될 수 있다.

(3) 불완전이행

채무자의 이행행위가 채무내용에 좇은 완전한 이행이 되지 못하는 경우가 불완전이행이고, 불완진이행이 채권자의 다른 법익에 대한 확대손해 내지 부가적 손해를 야기한 경우가 적극적 채권침해이다.

3. 채권자지체

채무의 이행에 있어서 채권자의 협력을 필요로 하는 경우, 채무자가 채무의 내용에 좇은 제공을 하였으나 채권자가 협력을 하지 않거나 할 수 없기 때문에 이행이 지연되고 있는 상태가 채권자지체 또는 수령지체이다. 채권자지체가 있는 경우에 손해배상청구와 계약의 해제 등을 할 수 있다.

Ⅳ. 책임재산의 보전

1. 의의

금전채권의 실현은 채무자의 일반재산으로 실현되므로, 채무자의 책임재산은 모든 채권자를 위한 공동담보로 된다. 그러므로 채무자의 책임재산이 감소되지 아니하게 하는 제도로서 채권자대위권과 채권자취소권을 두고 있다.

2. 채권자대위권

채권자대위권은 채권자가 자기의 채권을 보전할 필요가 있고 채무자가 스스로 그의 권리를 행사하지 않는 경우에, 그의 채무자에게 속하는 권리를 행사할 수 있는 권리이다. 이 권리는 실체법상의 권리이며, 일종의 법정재산관리권이다.

3. 채권자취소권

채권자취소권은 채권자를 해함을 알면서 행한 채무자의 법률행위를 취소하고 채무자의 재산을 회복하는 것을 목적으로 하는 채권자의 권리이다. 이 권리는 실체법상의 권리이며, 채권자가 자기의 이름으로 행사하고, 반드시 법원에 소를 제기하는 방법으로 하여야 한다.

Ⅴ. 다수당사자의 채권관계

1. 의의

하나의 급부에 관하여 복수의 채권자 또는 복수의 채무자가 있게 되는 채권관계를 의미한다. 동일한 내용의 급부를 목적으로 하는 채권자 또는 채무자의 수만큼의 다수의 채권관계가 성립하는 경우이다.

2. 종류

(1) 분할채권관계

1개의 가분급부를 목적으로 하는 채권·채무가 다수의 자에게 분할되어 귀속하는 관계이다. 분할된 급부부분은 각각 독립된 채권·채무가 성립한다. 민법상 다수당사자의 채권관계에 있어서 원칙적인 모습이다.

(2) 불가분채권관계

급부가 성질상 불가분인 경우에 각각의 채권자·채무자가 채권 전부를 행사하거나, 채무 전부를 변제할 수 있게 하고, 그러면 다른 자의 채권·채무가 소멸한다는 관계에 있는 경우를 말한다. 불가분채권은 그 예가 없고, 불가분채무가 있으며, 강한 담보작용을 한다.

(3) 연대채무

채권자가 수인의 채무자 중에서 누구에게서 전부의 변제를 받을 수 있으며, 변제하면 다른 자의 채무도 소멸한다. 연대채무는 채무자의 수만큼 복수의 독립한 채무이고 채무 사이에 주종의 구별이 없으므로, 강한 채권담보작용을 한다. 연대채무자들 사인에는 결합관계가 있기 때문에 채무자 1인에 관하여 생긴 사유는 일정한 범위에서 다른 연대채무자에게도 영향을 미친다. 그리고 채무자가 출연하여 공동면책이 되면 다른 채무자에 대하여 구상할 수 있다.

부진정연대채무는 수인의 채무자가 동일한 내용의 급부에 관하여 각각 독립하여 전부급부의무를 부담하고, 그 채무자 1인의 전부급부가 있으면 모든 채무자의 채무가 소멸하는 다수당사자의 채무로서, 민법의 연대채무가 아닌 것이다. 피용자와 사용자의 배상의무, 법인과 이사 기타 대표자의 책임, 공동불법행위자의 책임 등이 부진정연대채무이다. 부진정연대채무자 사이에는 주관적 공동관계가 없어서, 채무자 1인에게 생긴 사유가 다른 채무자에게 영향을 미치지 않고, 부담부분이 없어서 채무자들 사이에는 원칙적으로 구상관계가 발생하지 않는다. 다만 판례는 공동불법행위자에 대하여 "공동불법행위자는 채권자에 대한 관계에 있어서는 연대책임(부진정연대채무)이 있으나 그 공동불법행위자의 내부관계에 있어서는 일정한 부담부분이 있고 이 부담부분은 공동불법행위자의 과실의 정도에 따라 정하여 지는 것이며 공동불법행위자 중의 한 사람이 자기의 부담부분 이상을 변제하여 공동의 면책을 얻게 하였을 때에는 다른 공동불법행위자에게 그 부담부분의 비율에 따라 구상권을 행사할 수 있다"고 판시하여 구상관계를 인정하고 있다(대법원 1989.9.26. 선고 88다카 27232 판결).

(4) 보증채무

보증채무는 채무자가 그의 채무를 이행하지 않는 경우에 이를 이행하여야 할 채무를 말한다(민법제428조제1항). 채권담보를 위한 일종의 인적담보제도이다. 보증채무는 주채무와 독립한 별개의 채무이며, 그 내용은 주채무의 내용과 동일하고, 보증채무는 주채무가 이행되지 않는 경우에 이행할 보충성을 띠며, 주채무의 성립·소멸·이전에 부종하는 채무이다.

보증채무의 보증인은, 부종성에 기하여 주채무자가 가지는 항변을 가지고 채권자에게 대항할 수 있으며, 보충성에 기하여 먼저 주채무자에게 청구할 것을 항변할 수 있는 최고의 항변권과 먼저 주채무자의 재산에 대하여 집행할 것을 항변할 수 있는 검색의 항변권을 행사할 수 있다.

연대보증은 보증인이 주채무자와 연대하여 채무를 부담하는 것으로, 보충성이 없어서 최고·검색의 항변권이 없고, 연대보증인 수인이 있어도 분별의 이익이 없다. 공동보증은 동일한 주채무에 대하여 수인이 보증채무를 부담하는 것으로, 공동보증인은 주채무를 균등하게 나눈 액에 관하여 보증채무를 부담하는 분별이 이익이 있으나, 연대보증이나 보증연대의 경우에는 예외이다.

제2절 채권법 각론

Ⅰ. 채권의 발생원인

채권은 그 발생원인이 되는 법률요건을 기준으로 법률행위에 의한 발생과 법률의 규정에 의한 발생으로 나눌 수 있다.

1. 법률행위에 의한 채권의 발생

법률행위는 단독행위·계약·합동행위가 있으나, 주요한 채권의 발생의 경우는 계약으로 인한 경우이다. 개인의 자유의사에 의한 법률행위인 계약이 법률관계의 발생원인이 되고, 사적자치가 인정되는 곳에서는 법률의 규정은 원칙적으로 임의규정이며 보충적인 존재가치를 가질 뿐이다. 민법에서는 계약의 유형에 대하여 규정하고 있으나, 계약의 자유가 인정되기 때문에 전형계약에 관한 규정은 원칙적으로 임의규정이며, 민법의 규정과 다른 내용의 계약도 자유롭게 성립할 수 있다.

2. 법률의 규정에 의한 채권의 발생

(1) 사무관리에 의한 채권관계

준법률행위의 일종으로, 계약상·법률상 아무런 의무가 없는데도 타인의 사무를 처리했을 경우 그 비용 및 손해를 분배하기 위한 채권관계이다

(2) 부당이득에 의한 채권관계

계약상·법률상 아무런 원인이 없이 어떤 이득을 얻었을 때 그것을 반환하기 위한 채권관계이다(민법 제741조 이하). 계약이나 법률행위 등의 원인이 탈락되어 생긴 부당이득관계는 사건으로, 계약적 채

권관계와 유사한 성질을 갖고, 위법성 없이 타인의 법익을 침해함으로써 생긴 부당이득관계는 불법행위로 인한 채권관계와 유사한 성질을 가지지만 차별해서 취급할 필요가 있다.

(3) 불법행위에 기한 채권관계

어떤 사람의 고의 또는 과실에 의한 위법행위로 인해 다른 어떤 사람에게 손해가 발생했을 경우 그 손해를 배상케 하기 위한 채권관계이다(민법제750조 이하).

(4) 기타의 법정채권관계 : 사단법인 해산 후 잔여재산귀속(제80조), 법원에 의한 부재자재산관리(제22조), 자에 대한 친권자의 재산관리(제916조), 후견인의 재산관리(제946조), 상속인 없는 재산의 관리(제1053조), 협의이혼시 재산분할청구권관계(제839조의2) 등이 있다.

II. 계약 서설

1. 계약의 의의

계약은 사법상의 법률효과의 발생을 목적으로 하는 2인 이상의 당사자의 의사표시의 합치에 의하여 성립하는 법률행위이며, 단독행위 및 합동행위와는 구별된다. 광의와 협의의 두 가지의 의미로 사용된다.

(1) 광의의 계약

광의의 계약은 채권계약·물권계약·준물권계약·가족법상의 계약 등도 포함하는 넓은 개념이다.

(2) 협의의 계약

채권관계 내지 채권의 발생을 목적으로 하는 합의를 의미한다. 보통의 계약은 채권계약을 의미하며, 채권계약에 대한 민법규정은 그것이 채권계약에 특유한 것이 아닌 한 다른 계약에도 유추적용된다. 채권계약의 본질적 내용을 살펴보면 다음과 같다.

1) 둘 이상의 당사자의 의사표시

① 계약의 효과는 의사표시를 한 당사자에게 발생하는 것이 원칙이나, 당사자 이외의 자에게 발생하는 경우(제3자를 위한

계약)도 있다.

② 의사표시는 대리인에 의하여 할 수도 있다.

③ 청약이 먼저 행하여지고, 승낙이 행하여 진다. 둘이 동시에 행해지는 교차청약도 있다.

2) 합의 : 당사자의 의사표시가 그 내용에 있어서 합치하여야 한다. 객관적 합치(표시상의 효과의사의 합치)와 주관적 합치가 있어야 한다.

3) 의사표시의 대립과 교환

2. 계약의 자유와 그 제한

(1) 계약자유의 원칙

1) 의의 : 계약에 의한 법률관계의 형성은 법에 의한 제한을 받지 않는 한 당사자의 자유에 맡겨져 있다는 원칙이다. 계약의 당사자는 계약의 구속력에 의한 상호구속을 받으며, 그에 따라 채권·채무가 발생하는 것을 법이 인정하는 것이다.

2) 계약자유의 내용 : 계약체결·상대방선택·내용결정·방식의 자유가 있고, 유언의 자유와 단체설립의 자유 등은 포함되지 않는다.

(2) 계약자유에 대한 제한 : 계약의 자유는 경제적 약자의 지위에 있는 계약당사자에게 부당한 결과를 초래할 수 있으므로 실질적 불평등을 제거하고 공정성을 보장하기 위해 국가가 계약에 간섭할 필요가 있다.

1) 계약체결의 자유에 대한 제한 : 계약당사자의 일방이 타방에 대하여 특정내용의 계약을 체결하여야 할 법률적 의무를 부담하게 되는데 이 경우에 일방당사자의 계약체결의 자유는 제한을 받게 된다.

2) 상대방선택의 자유에 대한 제한 : 사용자는 국가가 명하는 취업 보호대상자를 채용할 의무(국가유공자예우등에관한법률32)

3) 내용결정의 자유에 대한 제한

① 강행법규와 사회적타당성 : 강행법규에 위반하거나 선량한 풍

속 기타 사회질서에 위반하는 계약은 무효가 된다(민법제103
· 105조).

② 규제된 계약 : 일정한 계약에 대해 그 계약의 내용으로 삼을
일정한 기준을 법률로 정하는 경우를 규제된 계약이라고 한
다. 주택의 임대차기간을 최소 2년 이상으로 정하도록 하는
경우(주택임대차보호법제4조) 등이다.

③ 부합계약 : 전기 · 가스 등의 공급계약, 운송계약, 보험계약, 은
행예금계약, 신용카드 등의 거래에 있어서는 기업 측에서 미
리 작성한 약관에 의거하여 계약이 체결되는 것이 보통이다.
이러한 계약을 이른바 부합계약(부종계약)이라고 하는데, 이
러한 부합계약에 있어서는 상대방은 계약을 체결하느냐 않느
냐의 자유를 가질 뿐이며 계약내용결정의 자유는 갖지 못한
다.

4) 방식의 자유에 대한 제한 : 계약의 성립에 일정한 방식을 요구하
는 경우가 있다.

5) 계약의 효력에 대한 제한 : 효력요건으로서 '허가·신고·증명'을 요
구하는 경우가 있다.

3. 계약의 종류

(1) 전형계약·비전형계약

1) 민법 제3편 제2장에 규정되어 있는 15종의 계약, 즉 매매·증여·
교환·소비대차·사용대차·임대차·고용·도급·여행계약 · 현상광고·위임·
임치·조합·종신형기금·화해를 전형계약이라고 하고, 유명계약이라
고도 한다.

2) 비전형계약은 법률상 특별한 이름이 없다고 해서 무명계약이라
고 한다. 중개계약·의료계약·리스계약·할부매매계약·신용카드계약
등 새로운 종류의 계약이 보편화되고 있으며, 이러한 비전형계
약에 민법 규정의 적용은 곧바로 유추적용해서는 안되고 거래의
관행 내지 당사자의 의사를 우선적으로 고려하여 그 내용을 결

정하여야 한다.

(2) 쌍무계약·편무계약

1) 의의 : 계약당사자가 서로 대가적 의미를 갖는 채무를 부담하느냐 않느냐에 따른 구별이다.

2) 쌍무계약 : 쌍무계약은 서로 대가적 의미를 가지는 채무를 부담하는 계약이며, '대가적 의미'를 가진다는 것은 상대방이 나에게 급부를 하니까 내가 급부를 하는 관계로서, 양 채무가 상호의존관계에 있는 것을 말한다. 매매·교환·임대차·고용·도급·여행계약·조합·화해와 유상인 때에 소비대차·위임·임치가 쌍무계약이다.

3) 편무계약 : 당사자의 일방만이 채무를 부담하거나 또는 계약의 각 당사자가 채무를 부담하더라도 그 채무가 서로 대가적 의미를 가지지 않는 계약이 편무계약이다. 증여·사용대차·현상광고가 이에 속하고, 소비대차·위임·임치도 무상인 때에는 편무계약이다.

4) 구별의 실익 : 쌍무계약은 양 채무가 성립·이행·존속에서 상호견련성을 가지고 있으며, 이행상의 견련성에서 동시이행의 항변권(법536), 존속상의 견련성에서 위험부담(법537)의 문제가 발생하나, 편무계약에 있어서는 이러한 문제가 생길 여지가 없다.

(3) 유상계약·무상계약

1) 의의 : 계약의 당사자가 서로 대가적 의미를 가지는 출연을 하는 계약이 유상계약이고, 서로 대가적 의미를 가지는 출연을 하지 않는 것이 무상계약이다.

2) 종류

① 채무의 부담을 재산상의 출연으로 본다면 쌍무계약은 모두 유상계약이다. 증여와 사용대차는 무상계약이며, 소비대차·위임·임치·종신정기금은 당사자의 약정에 의하여 유상이 되거나 무상이 된다.

② 현상광고는 보수지급과 지정행위의 완료가 서로 대가적 출연

관계에 있으므로 편무계약이지만 유상계약이며, 부담부증여
는 양 출연이 서로 대가적 의존관계에 있는 것이 아닌 점에
서 유상계약은 아니지만 부담의 한도에서 유상계약에 관한
규정이 적용된다.

  3) 구별의 실익 : 매매는 전형적인 유상계약으로, 다른 유상계약에
는 매매에 관한 규정이 준용된다. 즉, 유상계약에서는 계약의 목
적물이나 권리의 하자흠결에 대하여 담보책임을 지지만(법567·
570 내지 584), 무상계약에서는 출연자가 악의가 아닌 한 담보
책임을 지지 않는다(법559·612).

(4) 낙성계약·요물계약

  1) 의의 : 당사자의 합의만으로 성립하는 계약이 낙성계약이고, 합
의 이외에 당사자의 일방이 물건의 인도 기타 급부를 하여야 성
립하는 계약이 요물계약이다.

  2) 종류 : 전형계약 중에서 현상광만이 요물계약이다. 현상광고는
광고자의 청약에 대하여 응모자가 광고에서 정한 행위를 완료함
으로써 승낙한 것이 되어 계약이 성립한다(법675).

  3) 구별의 실익 : 양자의 구별의 실익은 주로 계약성립의 시기에 관
하여 차이가 생긴다.

(5) 요식계약·불요식계약 : 계약의 성립에 일정한 방식을 필요로 하는가
에 따른 구별

(6) 생전계약·사인계약 : 당사자 일방의 사망을 조건으로 효력이 발생하
도록 정한 계약이 사인계약이고, 그 밖의 계약이 생전계약이다.

(7) 유인계약·무인계약 : 어떤 법률행위의 기초 내지 원인이 되는 것에
무효·취소의 사유가 있는 경우, 이것이 그 법률행위에 영향을 주는
지 여부가 유인·무인의 문제이다.

(8) 계속적 계약·일시적 계약

  1) 의의 : 채무의 내용인 급부의 실현이 일정한 시점에서 행하여지
는 것으로 끝나는 것이 일시적 계약이고, 일정한 기간 동안 계
속해서 행하여져야 하는 계약이 계속적 계약이다. 민법상의 전

형계약 중 소비대차·사용대차·임대차·고용·위임·임치·조합·
종신정기금과 계속적 공급계약(전기·가스·수도·신문 등의 공
급)은 계속적 계약이며, 증여·매매·교환은 일시적 계약이다.

2) 계속적 계약관계의 특질 : 민법은 일시적 계약을 중심으로 규정
하면서, 계속적 계약에 관해서는 특별한 규정을 두고 있는 경우
가 있다.

① 계속적 계약관계에 있어서는 반복적·정기적으로 파생하는 개별
적 채권 내지 지분채권과 이를 유출·파생케 하는 원천이라고 할
수 있는 기본채권이 존재한다.

② 계속적 계약관계에 있어서는 이른바 해지권이 있게 된다. 해제는
계약의 효력을 소급적으로 소멸케 하지만, 해지는 계속적 계약관
계를 장래에 향하여 소멸케 할 뿐이다.

③ 계속적 계약관계는 일시적 계약관계와 달라서 당사자의 상호신
뢰성이 특히 강하게 요구된다.

④ 계속적 계약관계는 계약기간 중에 사정의 변경이 발생할 가능성
이 많기 때문에 사정변경의 원칙이 고려된다.

(9) 예약과 본계약

1) 장래 일정한 계약을 체결할 것을 미리 약정하는 계약이 예약이
고, 이 예약에 의해 장차 맺어질 계약을 본계약이라고 한다.

2) 본계약 체결의 승낙의무를 일방이 부담하느냐 쌍방이 부담하느
냐에 따라 편무예약과 쌍무예약으로 구분되고, 예약완결의 의사
표시만으로 본계약을 성립시킴에 있어 그 의사표시를 일방만이
갖느냐 아니면 쌍방이 갖느냐에 따라 일방예약과 쌍방예약으로
구별한다. 민법은 매매의 예약을 일방예약으로 추정하고, 다른
유상계약에도 준용된다.

Ⅲ. 계약의 성립

1. 계약의 성립요건으로서의 합의

계약이 성립하려면 당사자의 서로 대립하는 의사표시의 합치, 즉 합의가 있어야 한다. 그리고 합의가 성립하기 위해서는 당사자의 의사표시가 내용적으로 일치하는 객관적 합치와 당사자의 의사표시가 서로 상대방에 대한 것이어서 상대방이 누구이냐에 관하여 잘못이 없는 주관적 합치가 있어야 한다.

2. 청약과 승낙에 의한 계약의 성립

(1) 청약의 의사표시

1) 의의 : 청약이라 함은 이에 대응하는 승낙과 결합하여 일정한 계약을 성립시킬 것을 목적으로 하는 일방적·확정적인 상대방 있는 의사표시로서 법률사실이다.

2) 청약의 상대방 : 청약은 특정인으로부터 특정인에 대하여 하는 것이 보통이다. 그런데 청약자가 누구이냐가 그 청약의 의사표시에 명시적으로 표시되어야 하는 것은 아니며(자동판매기의 설치), 불특정다수인에 대한 청약도 유효하다(신문광고에 의한 청약, 자동판매기의 설치, 버스의 정류장에의 정차 등).

3) 청약의 유인 : 청약의 유인은 자기에게 청약을 하게 하려는 행위로서, 확정적인 의사표시는 아니며, 청약의 유인에 있어서는 그 유인을 받은 자가 한 의사표시가 청약이 되고 이에 대해 청약을 유인한 자가 승낙을 하여야만 비로소 계약이 성립한다. 양자의 구별은 상대방의 의사표시가 있기만 하면 곧 계약을 확정시킬 확정적 구속의사가 있는지의 여부를 기준으로 결정하여야 한다.

(2) 승낙의 의사표시

1) 승낙의 의의 : 승낙은 청약의 상대방이 청약에 응하여 계약을 성립시킬 목적으로 청약자에 대하여 행하는 의사표시이다.

① 승낙의 자유 : 청약의 상대방은 청약을 받았다는 사실로부터 법률상 어떤 의무를 부담하지는 않는다.

② 승낙의 상대방 : 청약과 달리 불특정다수인에 대한 승낙은 있을 수 없다. 승낙은 특정의 청약자에 대하여 하여야 한다.

③ 변경을 가한 승낙 : 승낙자가 청약에 대하여 조건을 붙이거나 변경을 가하여 승낙한 때에는 그 청약의 거절과 동시에 새로운 청약을 한 것으로 본다(법534).

2) 승낙의 효력

① 승낙기간 : 승낙은 청약의 효력이 존속하는 동안, 즉 청약의 존속기간(＝승낙적격) 내에 이루어져야 한다.

② 승낙의 효력발생과 계약의 성립시기

㉠ 격지자 사이의 경우 : 격지자간의 계약은 승낙의 통지를 발송한 때에 성립한다(법531).

㉡ 대화자 사이의 경우 : 민법은 대화자간의 계약의 성립시기에 관하여는 규정을 두고 있지 않으나 도달주의의 일반원칙에 따라 승낙의 의사표시가 도달한 때에 계약이 성립한다고 본다.

3. 교차청약에 의한 계약의 성립

당사자간에 동일한 내용의 청약이 상호 교차된 경우에는 양 청약이 상대방에게 도달한 때에 계약이 성립한다(법533). 따라서 두 청약이 동시에 도달하지 않을 경우에는 후에 상대방에 도달한 청약이 도달하는 때에 계약은 성립한다.

4. 의사실현에 의한 계약의 성립

청약자의 의사표시나 관습에 의하여 승낙의 통지가 필요하지 아니한 경우에는 계약은 승낙의 의사표시로 인정되는 사실이 있는 때에 성립한다(법532). 이를 의사실현에 의한 계약의 성립이라고 한다.

Ⅳ. 계약의 효력

1. 의의

계약의 성립과 효력발생은 구별되며, 계약이 당사자가 의욕한 대로의 효과를 발생하기 위해서는 계약으로서 성립하고 또 유효하여야 한다.

2. 계약의 일반적 효력

계약의 효력은 당사자 간에 채권·채무에 의한 구속력을 인정하는 것이 주된 효력이다. 이것은 합의한 당사자 사이에서만 발생하는 것이 원칙으로 '계약의 상대적 효력'이라고 한다. 다만, '제3자를 위한 계약'에서 예외를 인정한다.

Ⅴ. 계약의 해제·해지

1. 계약의 해제

(1) 해제의 의의

유효하게 성립하고 있는 계약의 효력을 당사자 일방의 의사표시에 의하여 그 계약이 처음부터 있지 않았던 것과 같은 상태에 복귀시키는 것을 계약의 해제라고 한다.

(2) 해제권의 발생

1) 약정해제권의 발생 : 당사자는 계약에 의하여 해제권을 발생시킬 수 있다(제543조 ①항).

2) 법정해제권의 발생 : 모든 채권계약에 공통한 원인에 의하여 발생하는 일반적인 법정해제권의 발생원인은 넓은 의미에 있어서의 채무불이행이다. 이행지체, 이행불능, 불완전이행, 채권자지체 등.

2. 계약의 해지

(1) 해지의 의의

계속적 계약에 있어서 계약의 효력을 장래에 향하여 소멸케 하는 일방적 행위를 해지라고 한다. 해지는 오직 장래에 향하여 효력이 발생하는 점에서 해지가 있더라도 그 이전의 계약에 의한 법률관계는 완전히 그 효력을 보유하고 이미 행하여진 급부는 반환할 필요가 없다.

(2) 해지권의 발생

1) 법정해지권 : 법정해지권에 관하여 민법은 일반적 규정을 두지 않고 각종의 계약에 관하여 개별적으로 그 발생원인을 규정하고 있다. 그 대부분은 채무불이행을 이유로 인정되는 것이나 그 밖에도 신의칙위반, 사정변경을 이유로 인정되는 것도 있다.

2) 약정해지권 ; 당사자는 계속적 계약을 맺을 때에 당사자의 일방 또는 쌍방이 해지권을 보류하는 특약을 할 수 있다. 임대차에 관하여는 민법 제636조가 특히 이 뜻을 명정하고 있으나 그러한 규정이 없을 지라도 해지권을 보류할 수 있다.

제4장 ╎ 친족·상속법

제1절 친족법

Ⅰ. 친족

1. 친족의 의의

친족에는 배우자, 혈족 및 인척을 말한다(민법제767조). 친족관계는 혈연과 혼인에 의하여 성립하는 것으로 부양·상속 등의 가족법에 대한 법률관계의 기초가 된다.

2. 친족의 종류

(1) 배우자

배우자는 혼인에 의하여 발생하고, 당사자 일방의 사망, 혼인의 무효·취소 또는 이혼으로 소멸한다.

(2) 혈족

1) 자연혈족과 법정혈족

① 자연혈족 : 혈연관계로 연결되어 있는 사람들을 자연혈족이라고 하며, 부모와 자녀, 형제자매 등이다.

② 법정혈족 : 법정혈족은 입양에 의하여 발생하며, 법률에 의하여 자연혈족과 같은 관계가 인정되는 사람이다.

2) 직계혈족과 방계혈족

① 직계혈족 : 직계혈족이란 혈연이 친자·조손관계 등으로 수직으로 연결되는 혈족으로서 직계존속과 직계비속으로 나누어진다.

② 방계혈족 : 방계혈족이란 공동시조에서 갈라져 나간 혈족을 말한다. 형제자매·조카·삼촌·이모·고모 등을 말한다.

(3) 인척

1) 인척이란 혈족의 배우자, 배우자의 혈족, 배우자의 혈족의 배우

자를 말한다.

2) 인척관계는 혼인에 의해서 발생하며, 혼인의 무효·취소·이혼 등에 의하여 소멸한다. 부부 중 일방이 사망해도 인척관계는 소멸하지 않지만, 생존한 배우자가 재혼하면 인척관계는 종료한다.

3. 친족의 범위와 촌수

(1) 친족의 범위

친족은 8촌 이내의 혈족, 4촌 이내의 인척, 배우자를 말한다.

1) 8촌 이내의 혈족 : 자기의 직계존속과 지계비속, 형제자매, 형제자매의 직계비속, 직계존속의 형제자매, 직계존속의 형제자매의 직계비속을 말한다.

2) 4촌 이내의 인척 : 혈족의 배우자, 배우자의 혈족, 배우자의 혈족의 배우자를 말한다.

(2) 촌수

친족관계의 멀고 가까운 정도를 나타내는 법률상의 단위를 말한다.

1) 혈족 : 촌수는 직계혈족은 친자의 세수로 계산하고, 방계혈족은 일방으로부터 쌍방의 공동시조에 이른 세수와 공동시조로부터 다른 일방에 이를 세수를 통산하여 계산한다. 양자는 입양한 때로부터 혼인 중의 출생자와 동일한 것으로 본다.

2) 인척 : 배우자의 혈족은 배우자의 그 혈족에 대한 촌수로 계산하며, 혈족의 배우자는 그 혈족에 대한 촌수와 동일하며, 배우자의 혈족의 배우자는 촌수계산법을 정하고 있지 않다.

3) 배우자 : 배우자 사이에는 촌수가 없다.

Ⅱ. 혼인

1. 의의

혼인은 가족을 형성하는 기초가 되며, 가족은 사회와 국가를 구성하는 기본단위가 된다. 혼인은 한 쌍의 남녀가 결합하여 하나의 가족공동체를 형성한 것이므로, 동성간의 결합은 혼인으로 인정되지 못한다.

2. 약혼

약혼이란 약혼적령에 달한 남녀가 장차 혼인할 것을 약정하는 당사자 사이의 계약이다. 사실혼·정혼과는 구별된다.

3. 혼인

(1) 의의

혼인은 당사자의 자유의사에 의하여 성립하는 혼인계약으로, 실질적 요건과 형식적 요건을 구비하여야 한다. 민법은 혼인을 요식행위로 규정하고 있고, 법률혼주의를 취하고 있다.

(2) 혼인의 요건

1) 실질적 요건 : 혼인이 성립하기 위한 실질적 요건으로는 당사자 사이의 혼인에 대한 합의가 있어야 하고, 혼인적령에 달하고, 부모 등의 동의를 받아야 하며, 일정한 근친자가 아니고, 중혼이 아니어야 한다.

2) 형식적 요건 : 혼인의 형식적 요건은 '가족관계의 등록 등에 관한 법률'이 정하는 바에 따라 신고하여야 한다.

(3) 혼인의 효과

1) 혼인의 일반적 효과 : 혼인에 의하여 부부는 배우자라는 신분을 취득하고, 친족관계가 발생하며, 부부간에 동거·부양·협조·정조 의무가 발생하고, 미성년자가 혼인을 한 때에는 성년자로 보며, 부부 사이에 혼인성립 후 그 해소 전에 체결한 계약은 혼인 중 언제든지 일방이 이를 취소할 수 있다.

2) 혼인의 재산적 효과

① 부부재산계약 : 부부재산계약은 혼인을 할 당사자가 혼인 후의 재산적 법률관계를 사전에 합의하는 것으로, 혼인성립 전에 그 혼인 중의 재산에 관하여 자유로이 특별한 약정을 말한다.

② 법정재산제

㉠ 의의 : 부부재산계약을 체결하지 아니하거나 무효로 된 경

우에는 법정재산제가 보충적으로 적용된다(민법제829조제1항).

ⓛ 특유재산의 부부별산제

ⓐ 원칙 : 부부의 일방이 혼인 전부터 가진 고유재산과 혼인 중 자기의 명의로 취득한 재산은 그 특유재산으로 하고, 부부는 그 특유재산을 각자 관리·사용·수익한다(민법제830조제1항·제831조).

ⓑ 귀속불명의 재산 : 부부의 누구에게 속한 것인지 분명하지 아니한 재산은 부부의 공유로 추정한다(민법제830조제2항).

ⓒ 일방 명의의 재산이 실질적으로 다른 일방 또는 쌍방이 그 재산의 대가를 부담하여 취득한 것이 증명된 때에는 특유재산의 추정은 번복되어 그 다른 일방의 소유이거나 쌍방의 공유라고 보며(대판 1992.8.14, 92다16171), 일방의 적극적인 재산증식노력이 있었던 경우에도 이를 부부의 공유재산으로 불 수 있다(대판 1995.10.12, 95다25695).

(4) 혼인의 해소

1) 의의 : 혼인의 해소란 유효하게 성립한 혼인이 그 존속 중에 발생한 원인에 의하여 장래를 향하여 종료하는 것을 말한다. 혼인의 해소원인으로는 배우자의 사망·실종선고와 이혼이 있다.

2) 협의이혼 : 당사자 사이의 자유로운 이혼의사의 합치와 이혼신고가 있어야 한다. 이혼신고는 당사자 쌍방의 이혼의사에 대하여 가정법원의 확인을 거쳐, 당사자 쌍방과 성년자인 증인 2인이 연서한 서면으로 신고함으로써 그 효력이 생긴다(민법제836조).

3) 재판상 이혼 : 법률상의 이혼원인이 있지만 협의이혼이 성립하지 않는 경우에, 당사자의 일방이 가정법원에 이혼의 심판을 청구하여 혼인을 해소하는 것을 말한다.

4) 이혼의 효과

　① 이혼의 효력발생시기 : 재판상 이혼은 이혼판결이 확정된 때 (보고적 신고), 협의이혼은 가정법원의 확인을 받은 날로부터 3월 이내에 신고한 때(창설적 신고)에 비로소 효력이 발생한다.

　② 이혼의 일반적 효과 : 혼인에 의하여 발생한 부부관계는 장래를 향하여 소멸하며, 배우자의 혈족과의 사이에 생긴 인척관계도 소멸한다.

　③ 자에 대한 효과 : 친권자를 정하여야 하고, 양육권과 면접교섭권이 발생한다.

　④ 재산분할청구권 : 이혼을 한 자의 일방이 다른 일방에 대하여 재산분할을 청구할 수 있는 권리가 발생한다.

　⑤ 손해배상청구권 : 이혼이 성립하면 당사자 일방은 과실 있는 상대방에 대하여 이혼으로 이한 재산상·정신상의 손해배상을 청구할 수 있다.

Ⅲ. 부모와 자

1. 친자관계

(1) 의의

친자관계란 부모와 자의 신분관계를 의미하고, 친생친자관계와 법정친자관계가 있다.

(2) 친생자

1) 혼인 중의 출생자 : 혼인관계에 있는 부모 사이에서 태어나 자를 말한다.

　① 친생자 추정을 받는 자 : 처가 혼인 중에 포태한 자는 부의 자로 추정하며, 혼인성립의 날로부터 2백일 후 또는 혼인관계종료의 날로부터 3백일 내에 출생한 자는 혼인 중에 포태한 것으로 추정한다(민법제844조).

② 친생자 추정을 받지 않는 자 : 혼인이 성립한 날부터 200일이 되기 전에 출생한 자녀는 친생자 추정을 받지 못한다.

2) 혼인 외의 출생자 : 혼인 외의 출생자는 모와는 출산에 의하여 친자관계가 발생하지만, 생부와는 인지가 있어야 친자관계가 발생한다.

(4) 양자

1) 의의 : 혈연관계가 없는 자들 사이에 법률상 친자관계를 의제하는 제도를 양자제도라 한다.

2) 입양 : 입양이란 양친자관계를 창설할 것을 목적으로 양자와 양친 사이에 입양의 합의가 있고, 입양신고를 하여야 효력이 발생한다.

2. 친권

친권은 부모가 미성년의 자녀를 보호·교양하는 권리임과 동시에 의무이다. 부모는 미성년인 자의 친권자가 되며, 양자의 경우에는 양부모가 친권자가 된다. 예외적으로 친권자가 지정되는 경우도 있다.

제2절 상속법

Ⅰ. 상속

1. 상속의 개시

상속은 피상속인이 사망한 때에 그 주소지에서 개시된다.

2. 상속인

(1) 상속인의 자격

상속인이 될려면, 상속의 결격사유가 없고 상속능력이 있어야 한다. 상속능력은 권리능력이 있고 자연인이어야 하며, 피상속인이 사망할 당시에 생존하고 있어야 한다. 태아는 상속순위에 관하여는 이미 출생한 것으로 본다.

(2) 상속인의 순위

　1) 의의 : 상속인에는 혈족상속인과 배우자상속인이 있다. 상속인이 될 수 있는 자가 여럿 있는 경우에, 동순위의 상속인이 수인인 때에는 최근친을 선순위로 하고 동친 등의 상속인이 수인인 때에는 공동상속인이 된다(민법제1000조제2항).

　2) 상속인의 순위 : 상속에 있어서는 다음 순위로 상속인이 된다(민법제1000조제1항).

　　① 피상속인의 직계비속

　　② 피상속인의 직계존속

　　③ 피상속인의 형제자매

　　④ 피상속인의 4촌 이내의 방계혈족

　3) 배우자상속인 : 피상속인의 배우자는 피상속인의 직계비속이나 직계존속이 있는 경우에는 그 상속인과 동순위로 공동상속인이 되고 그 상속인이 없는 때에는 단독상속인이 된다(민법제1003조제1항).

　4) 대습상속 : 대습상속이란 상속인이 될 직계비속 또는 형제자매가 상속개시 전에 사망하거나 결격자가 된 경우에 그 직계비속과 배우자가 있는 때에는 그 직계비속과 배우자가 사망하거나 결격된 자의 순위에 갈음하여 상속인이 되는 것을 말한다(민법제1001·1003조제1항).

3. 상속의 효력

(1) 일반적 효력

　1) 상속재산의 포괄승계 : 상속인은 상속개시된 때로부터 피상속인의 재산에 관한 포괄적 권리의무를 승계한다(민법제1005조). 승계되는 것은 적극재산과 소극재산이고, 재산적인 권리·의무에 한하고 인격권·친족권은 승계되지 않고, 피상속인의 일신에 전속한 것은 승계되지 않는다.

2) 제사용 재산의 승계 : 분묘에 속한 1정보 이내의 금양임야와 600 평 이내의 묘토인 농지, 족보와 제구의 소유권은 제사를 주재하는 자가 이를 승계한다(민법제1008조의3).

(2) 상속분

1) 의의 : 상속분은 공동상속인이 상속재산에 대하여 가지는 각각의 권리·의무의 비율을 말한다.

2) 법정상속분

① 혈족상속인의 상속분 : 동순위의 상속인이 수인인 때에는 그 상속분은 균분으로 한다(민법제1009조제1항).

② 배우자상속인의 상속분 : 피상속인의 배우자의 상속분은 직계비속과 공동으로 상속하는 때에는 직계비속의 상속분의 5할을 가산하고, 직계존속과 공동으로 상속하는 때에는 직계존속의 상속분의 5할을 가산한다(민법제1009조제2항).

③ 특별수익자의 상속분 : 공동상속인 중에 피상속인으로부터 재산의 증여 또는 유증을 받은 자가 있는 경우에 그 수증재산이 자기의 상속분에 달하지 못한 때에는 그 부족한 부분의 한도에서 상속분이 있다(민법제1008조).

④ 기여분 : 공동상속인 중에 상당한 기간 동거·간호 그 밖의 방법으로 피상속인을 특별히 부양하거나 피상속인의 재산의 유지 또는 증가에 특별히 기여한 자가 있을 때에는 상속개시 당시의 피상속인의 재산가액에서 그 자의 기여분을 공제한 것을 상속재산으로 보고, 법정상속분에 기여분을 가산한 액으로써 그 자의 상속분으로 한다.

4. 상속의 승인과 포기

(1) 서설

1) 승인·포기의 자유 : 상속은 당연승계이지만, 상속인은 상속을 승인하거나 포기할 수 있다.

2) 승인·포기의 고려기간 : 상속인은 상속개시 있음을 안 날부터 3
개월 내에 단순승인·한정승인 및 포기를 할 수 있다(민법제1019
조). 상속인이 이 기간 내에 한정승인이나 포기를 하지 않으면,
단순승인을 한 것으로 의제된다.

(2) 단순승인

1) 의의 : 피상속인의 권리·의무를 제한 없이 승계한다는 상속인의
의사표시이다.

2) 법정단순승인 : 다음 각호의 사유가 있는 경우에는 상속인이 단
순승인을 한 것으로 본다(민법제1026조).

① 상속인이 상속재산에 대한 처분행위를 한 때

② 상속인이 고려기간 내에 한정승인 또는 포기를 하지 아니한 때

③ 상속인이 한정승인 또는 포기를 한 후에 상속재산을 은닉하
거나 부정소비하거나 고의로 재산목록에 기입하지 아니한 때

(3) 한정승인

한정승인은 상속으로 취득하게 될 재산의 한도에서 피상속인의 채
무와 유증을 변제할 것을 조건으로 상속을 승인하는 의사표시이다
(민법제1028조). 공동상속인은 그 상속분에 응하여 취득할 재산의
한도에서 그 상속분에 의한 피상속인의 채무와 유증을 변제할 것을
조건으로 상속을 승인할 수 있다(민법제1029조).

(4) 상속의 포기

상속의 포기란 자기에게 개시된 상속의 효력을 확정적으로 소멸시
키는 일방적 의사표시이며, 상속인이 고려기간 내에 가정법원에 포
기의 신고를 하여야 한다.

5. 상속인의 부존재

(1) 의의

상속개시 후 상속인의 존부가 불분명한 경우에, 상속재산의 관리와
청산을 할 필요가 있다. 이것을 실현하려는 것이 상속인 부존재제도
이다.

(2) 상속재산의 관리와 청산

상속인의 존부가 분명하지 않은 경우에, 상속재산을 관리하기 위하여 관리인을 선임하여 공고하여야 하고, 가정법원이 상속재산관리인의 선임을 공고한 날부터 3월 내에 상속인의 존부를 알 수 없는 때에는 상속재산을 청산하여야 한다.

(3) 특별연고자에 대한 재산분여

상속인이 존재하지 않는 경우에 피상속인과 생계를 같이 하고 있던 자, 피상속인의 요양간호를 한 자 기타 피상속인과 특별한 연고가 있던 자의 청구에 의하여, 가정법원이 이들에게 청산 후 남은 상속재산의 전부 또는 일부를 분여할 수 있는 제도이다(민법제1057조의2).

(4) 상속재산의 국가귀속

특별연고자에게 분여되지 않은 상속재산은 국가에 귀속한다(민법제1058조제1항).

Ⅱ. 유언

1. 의의

유언은 유언자가 자기의 사망과 동시에 일정한 법률효과를 발생시킬 목적으로 일정한 방식에 따라 행하는 상대방 없는 단독행위이다.

2. 유언의 방식

유언은 민법이 정하는 방식에 따라야 하고, 그렇지 아니하면 그 효력이 발생하지 않는다(민법제1060조). 민법은 자필증서·녹음·공정증서·비밀증서·구수증서에 의한 5가지의 법정방식을 규정하고 있다. 법정된 요건과 방식에 어긋난 유언은 그것이 유언자의 진정한 의사에 합치하더라도 무효이다(대법원 2006.3.9. 선고 2005다57899 판결).

3. 유증

(1) 의의

유증이란 유언으로 자기 재산을 타인에게 무상으로 주는 단독행위를 말한다. 즉, 유언에 의한 재산의 무상증여이다.

(2) 포괄유증

1) 의의 : 포괄유증은 적극재산과 소극재산을 포괄하는 상속재산 전부 또는 일정한 비율액에 대한 유증을 의미한다.

2) 효과 : 포괄수유자는 상속인과 동일한 권리의무를 가진다.

(3) 특정유증

1) 의의 : 특정유증은 개개의 재산상의 이익을 특정하여 유증의 내용으로 하는 것을 말한다. 소극재산이 승계되지 않는 점에서 포괄유증과 구별된다.

2) 효과 : 포괄유증은 물권적 효력이 있지만, 특정유증은 목적물이 상속재산으로 일단 상속인에게 귀속되고, 수증자는 상속인에 대하여 유증의 이행을 청구할 수 있는 권리를 취득한다(대법원 2003.5.27. 선고 2000다73445 판결). 다만, 채무면제와 같이 의사표시만으로 효력을 발생하는 경우는 물권적 효력이 발생한다.

Ⅲ. 유류분

1. 의의

유류분은 상속재산 중에서 상속인을 위하여 반드시 남겨두어야 하는 일정비율의 상속재산을 의미하며, 유류분권리자는 상속권리 있는 피상속인의 직계비속·배우자·직계존속·형제자매이다. 태아와 대습상속인도 유류분권을 가진다.

2. 유류분의 비율

피상속인의 직계비속과 배우자의 유류분은 그 법정상속분의 2분의 1이며, 피상속인의 직계존속과 형제자매의 유류분은 그 법정상속분의 3분의 1이다.

찾 아 보 기

권순현

- 법학박사
- 고려대학교 법학과 및 동대학원
- 현) 신라대학교 공공인재학부 교수
  한국헌법학회 부회장
  유럽헌법학회 총무이사

주요저서
- With(위드) 헌법(박영사, 2017.8)
- 헌법강의(삼조사)
- 새로쓴 객관식헌법(삼조사)
- 헌법판례선(삼조사, 공저)
- 헌법 조문판례집(삼조사)
- 법학개론(피앤씨미디어, 공저)
- 행정법총론 2.0(피앤씨미디어)
- 행정법각론 2.0(피앤씨미디어)
- 행정법총론 문제집(피앤씨미디어)

이주일

학력 및 주요활동
- 한국외국어대학교(법학사) / 한국외대 대학원(법학석사)
  / 한국외대 대학원(법학박사)
- 한국형사법학회 회원
- 한국비교법학회 회원
- 한국비교형사법학회 회원

연구분야
- 형법, 형사소송법, 형사정책, 경찰법.

논문 및 저서
- 환경형법상 법익의 행정보조성(외법논집제24호, 2006,11)
- 일죄일부에 대한 공소제기의 재검토(외법논집제22집, 2006,5)
- 공소제기후 참고인조사(비교법학연구제6집, 2005,9)
- 형법상 보충성원칙에 대한 소고(비교법학연구, 2005,3)

- 공소권남용이론(비교법학연구, 한국비교법학회, 2004.9)
- 친고죄와 고소(비교법학연구, 한국비교법학회, 2004.2)
- 체포구속적부심사제도의 합리적 해석(외법논집, 한국외대법학연구소, 2003. 12)
- 구속영장실질심사제도의 문제점에 대한 검토(비교법학연구, 한국비교법학회, 2003.9)
- 형사특별법상의 법령용어와 문장구조의 문제점과 개선방안(Ⅱ), 한국법제연구원.2006,9.
- 형사특별법령의 법령용어 및 문장구조의 문제점과 개선방향, 한국법제연구원, 2005,11.
- 행형관련법상의 법령용어 및 문장의 문제점과 개선방향에 관한 연구, 한국법제연구원,2004,11.
- 인권용어해설집, 한국법제연구원, 2004,9.

진상욱

학력 및 주요활동
- 영남대학교(법학사) / 부산대학교(법학석사) / 영남대학교(법학박사)
- 현) 신라대학교 공공인재학부 교수
- 韓國土地法學會
- 韓國財産法學會
- 민사법의 이론과 실무학회

연구분야
- 민법 일반, 물권법, 채권법, 부동산 관련 법

논문 및 저서
- 一括競賣請求權의 擴大(財産法研究 제25권 제2호, 2008.10)
- 集合建物 垈地使用權의 一體不可分性(土地法學 제24-2호, 2008.12)
- 業種制限約定에 있어서 受分護者의 保護(法學研究 第34輯, 2009.5)
- 비법인사단의 총유물의 관리 및 처분(土地法學 제25-1호, 2009.6)

- 사이버명예훼손에 있어서 포털서비스제공자의 불법행위책임(法學研究 第39輯, 2010.8)
- 民事上 公人에 대한 名譽毀損責任의 成立要件(財産法研究 제27권 제2호, 2010.10)
- 寺刹의 實體와 法的 性格(土地法學 제26-2호, 2010.12)
- 日照保護를 위한 公法과 私法의 조화(土地法學 제27-2호, 2011.12)
- 구분소유의 성립 및 전유부분과 대지사용권의 일체성(土地法學 제29-1호, 2013.6)
- 土地開發權의 分離(土地法學 제29-2호, 2013.12)
- 조망이익의 법적 보호(토지법학 제31-1호, 2015.6)
- 입주자대표회의의 법적 지위(토지법학 제31-2호, 2015.12)
- 분묘기지권의 재검토(토지법학 제32-1호, 2017.6)
- 종중재산의 귀속과 분배(토지법학 제33-2호, 2017.12)

공직법 입문

초판발행	2018년 8월 30일
지은이	권순현·이주일·진상욱
펴낸이	안종만
기획/마케팅	박세기
표지디자인	조아라
제 작	우인도·고철민
펴낸곳	(주) 박영사
	서울특별시 종로구 새문안로3길 36, 1601
	등록 1959. 3. 11. 제300-1959-1호(倫)
전 화	02)733-6771
f a x	02)736-4818
e-mail	pys@pybook.co.kr
homepage	www.pybook.co.kr
ISBN	979-11-303-32607-4 93360

copyright©권순현·이주일·진상욱, 2018, Printed in Korea

정 가   15,000원